经上海市中等职业教育课程教材审定委员会审定准予使用
准用号ZJ———2007031

第二版

复旦卓越·21世纪汽车类职业教育教材

主 审　傅耀祖　陈　明
顾 问　陈　明

汽车结构与拆装（上册）

主　编　蒋　勇
副主编　李　玲　凌　晨

复旦大学出版社
www.fudanpress.com.cn

编委会主任

雷正光　盛　凯　朱国苗　魏荣庆　林　原　傅耀祖　李玉明

编委会成员

白小和	陈恒华	陈海明	陈　琳	陈日骏	陈　辉	陈　榕
戴良鸿	段京华	冯学敦	方　铀	方　俊	龚　箭	高建平
葛元昉	顾百钧	黄　红	黄永明	蒋　勇	凌　晨	李　玲
李　芳	李连城	郦　益	罗华洲	潘师安	齐金华	任　贤
沈云华	沈冰武	陶雷进	唐志凌	王宝根	王冬梅	王立志
王　静	王惠军	吴东明	徐广荣	许顺锭	徐华伟	杨李华
印晨曦	殷　吕	杨丽琴	严家国	姚　华	郑　诚	诸鑫炯

张丽华　张　艳　朱　锋　郑健容

Qichejiegouyuchaizhuang

为了贯彻落实国务院、教育部《关于大力发展职业教育的决定》,由上海市教育委员会组织开发编制的《上海市中等职业技术学校汽车运用与维修专业教学标准》已于 2006 年 10 月正式出版发行。这是实施中职深化课程与教材改革的一项重要举措,旨在建设反映时代特征,具有职业教育特色,品种多样、系列配套、层次衔接,能应对劳动就业市场和满足学生发展多元需要的中等职业教育课程和教材体系。

《汽车运用与维修专业教学标准》以"任务引领型"目标为核心,对应当前汽车运用与维修行业的 6 大工种,设计了 6 个专门化方向,即汽车维修机工、汽车维修电工、汽车商务、汽车维修钣金工、汽车维修油漆工、汽车装潢美容工。根据此专业标准,汽车运用与维修专业共设 34 门课程,其中专业核心课程 5 门,专门化方向课程 29 门。

汽车运用与维修专业课程有五个特征:

一是任务引领,即以工作任务引领知识、技能和态度,使学生在完成工作任务的过程中学习专业知识,培养学生的综合职业能力;

二是结果驱动,即通过完成典型产品或服务,激发学生的成就动机,使之获得完成工作任务所需要的综合职业能力;

三是突出能力,即课程定位与目标、课程内容与要求、教学过程与评价都围绕职业能力的培养,涵盖职业技能的考核要求,体现职业教育课程的本质特征;

四是内容实用,即紧紧围绕完成工作任务的需要来选择课程内容,不强调知识的系统性,而注重内容的实用性和针对性;

五是做学一体,即打破长期以来的理论与实践二元分离的局面,以任务为核心,实现理论与实践一体化教学。

为了促进新教材的推广使用,便于边使用边修订完善,我们整合全国中等职业学校在汽车运用与维修专业方面的优质资源,成立了由相关中等职业学校校长为领导的教材编写委员会,组织各中等职业学校资深的专业教师,结合行业技师编写教材,达到忠实体现以"任务引领型课程"为主体的中等职业学校课程与教材改革的理念与思路的目的,保证教材的编写质量。本套教材在积极贯彻落实上海市中等职业技术教育深化课程教材改革任务的同时,也希望能为全国中等职业技术教育的课程教材改革提供案例,为我国职业教育的发展作出自己应有的贡献。

汽车运用与维修专业教材编写委员会

2007 年 9 月

前　言

Qichejiegouyuchaizhuang

　　本书是上海市教委委托编写的中等职业教育汽车专业系列教材中的主干课程"汽车结构与拆装"教材。

　　近年来汽车教材不断更新。究其原因,首先是汽车行业日新月异的发展,不断吐故纳新成为汽车科技的典型特征。同时,汽车行业对从业人员的要求与职业教育多年来沿用的普教教学法所产生的猛烈撞击,也使从事汽车行业相关职业教学的人们深感不变不行。而教材作为教学活动的基本依据,自然成为教学改革的第一步。

　　为使教材更具实用性、先进性、可读性,在编写过程中,我们注意了以下几点:

　　(1) 教材不按理论和技能分类编写,而是以结构为中心,以技能为重点,将相关的结构认知、工作原理、拆装技能组成教学模块,从而使教学活动中理论与实践能有机结合,突出技能教学。与2007年第一版相比,删除了化油器、传统点火系等行业淘汰模块。增加了电控柴油机模块等行业发展中新增加项目。教学内容更加符合现代教学的需要。

　　(2) 教材中用知识目标、能力目标作为每一项目的开头,使教学要求具体化,该内容是教学考核的主要依据。教材编写中尽可能采用贴近汽车行业各类维修资料所使用的表达形式,如说明书上常用的表格、流程图及图文并茂等手法。

　　(3) 我们编写的工作页不同于一般作业,必须结合实物、实训才能完成。其机件认知部分必须结合实物完成。而技能操作部分则要在学生能安全、规范、高效地操作的同时,培养仔细观察、记录总结的习惯,并进一步学会按说明书进行操作。工作页中的问答题要求学生能通过总结综合、开拓思路。有些问题可作为课堂讨论题。

　　(4) 本教材用图标对某些特殊教学活动作如下提示。①"结构认知"图标:要求该项教学结合实物及多媒体完成 。②"操作步骤"图标:要求结合实训规范操作,以培养学生逐步养成边阅读、边操作、边记录的习惯,从而具备再学习的能力。③"知识链接"图标:提示该处内容为专业知识的理解打下基础,帮助我们更好地掌握专业知识。

　　基于我们的教学经验,在使用本书时有如下建议:

(1) 教师应具备扎实的理论基础和较强的动手能力,并不断掌握汽车新技术。教学中不断探索适于职校教学的各类方式和方法。

(2) 建议课时安排

项　　　目	项目课时
项目一　汽车维修安全	3
项目二　维修工具与量具的使用	4
项目三　汽车和发动机的总体构造	5
项目四　曲柄连杆机构的结构与拆装	10
项目五　配气机构的结构与拆装	8
项目六　润滑系的结构与拆装	3
项目七　冷却系的结构与拆装	4
项目八　发动机的解体与总装	4
项目九　发动机电控系统的结构与认知	10
项目十　电子喷射汽油燃料供给系的结构与拆装	7
项目十一　柴油机燃料供给系的结构与拆装	10
项目十二　点火系统的结构与拆装	7
项目十三　发动机环保控制的结构与拆装	8
合　　　计	83

(3) 把工作页作为备课的重要内容。建议学生以12人为一组进行分组教学。教师可组织学生对工作页中的练习题进行总结、综合讨论、开拓思路,并可将部分练习题作为课堂讨论题。

参加本书编写的有南湖职校二分校陈翔(项目一)、包恩阳(项目二)、沈瑜(项目四)、李玲(项目四)、赵磊(项目五)、黄红(项目六)、李巍伟(项目八)、金喜庆(项目九)、蒋勇(项目十、十一、十二)、李骏(项目十三),曹阳职校顾百钧(项目七)。

为了编写本教材,我们参阅了美国、加拿大、德国和日本的汽车专业教材及各汽车大企业的产品说明书,学习国际先进的职教模式与经验,力图把这些体现在教材编写中。我们希望教材不仅有含新的技术,而且要有崭新的教学方法与其配合。由于缺乏经验,难免存在不足,恳请广大从事汽车教学的有识之士给予帮助指正。

目 录

Qichejiegouyuchaizhuang

项目一　汽车维修安全 ·· 001
 活动一　汽车维修安全的内容与标志 ·· 002
 活动二　汽车维修作业中的有害因素及其防范 ·· 003
 活动三　汽车从业人员的基本要求 ·· 006

项目二　维修工具与量具的使用 ·· 009
 活动一　常用工具的使用 ·· 010
 活动二　常用量具的使用 ·· 014
 活动三　汽车维修专用工具的使用 ·· 018

项目三　汽车和发动机的总体构造 ·· 021
 活动一　汽车的分类与其代码 ·· 022
 活动二　汽车的总体结构与基本参数 ·· 026
 活动三　发动机的总体构造与分类 ·· 031
 活动四　发动机的基本术语和主要结构参数 ··· 037

项目四　曲柄连杆机构的结构与拆装 ··· 041
 活动一　曲柄连杆机构的认知 ·· 042
 活动二　机体组的结构与拆装 ·· 042
 活动三　活塞连杆组的结构与拆装 ·· 050
 活动四　曲轴飞轮组的结构、工作原理与拆装 ·· 061

项目五　配气机构的结构与拆装 ·· 069
 活动一　配气机构的认知 ·· 070
 活动二　气门组的结构与工作原理 ·· 072

活动三　气门传动组的结构与拆装 …………………………………… 078
　　　活动四　配气相位 …………………………………………………… 085

项目六　润滑系的结构与拆装 ……………………………………………… 089
　　　活动一　润滑系的认知 ……………………………………………… 090
　　　活动二　润滑系主要总成的结构与拆装 …………………………… 092

项目七　冷却系的结构与拆装 ……………………………………………… 099
　　　活动一　冷却系的结构与工作原理 ………………………………… 100
　　　活动二　水冷系主要部件的功用、结构与工作原理 ……………… 102

项目八　发动机的解体与总装 ……………………………………………… 111
　　　活动一　发动机解体及总装基本流程 ……………………………… 112
　　　活动二　发动机的解体 ……………………………………………… 113
　　　活动三　发动机的总装 ……………………………………………… 115

项目九　发动机电控系统的结构与认知 …………………………………… 119
　　　活动一　电控发动机的总体结构 …………………………………… 120
　　　活动二　电控发动机ECU的结构与电路图识读 ………………… 124
　　　活动三　传感器 ……………………………………………………… 125
　　　活动四　电控发动机的认知与拆装 ………………………………… 144

项目十　电子喷射汽油燃料供给系的结构与拆装 ………………………… 153
　　　活动一　发动机的工况与混合气的浓度认知 ……………………… 154
　　　活动二　电子喷射汽油燃料供给系 ………………………………… 156
　　　活动三　多点喷射燃油供给装置的结构与原理 …………………… 163
　　　活动四　电子喷射汽油燃料供给系的认知与拆装 ………………… 168

项目十一　柴油机燃料供给系的结构与拆装 ……………………………… 173
　　　活动一　柴油机认知 ………………………………………………… 174
　　　活动二　传统柴油机燃料供给系主要零件的结构与拆装 ………… 181
　　　活动三　电控柴油机主要结构认知 ………………………………… 195

项目十二 点火系统的结构与拆装 ·· 209
活动一 无触点分电盘点火系的结构与拆装 ······························ 210
活动二 无分电盘点火系的结构与拆装 ····································· 217

项目十三 发动机环保控制的结构与拆装 ·· 223
活动一 发动机排放控制 ··· 224
活动二 活性炭罐的认知 ··· 225
活动三 三元催化器的认知 ·· 227
活动四 废气再循环的认知 ·· 228
活动五 曲轴箱强制通风(PCV 阀)系统认知 ··························· 230

工作页答案 ·· 236

项目一
汽车维修安全

活动一　汽车维修安全的内容与标志

活动二　汽车维修作业中的有害因素及其防范

活动三　汽车从业人员的基本要求

项目一　汽车维修安全

知识目标
1. 知道安全定义及标志。
2. 能概述汽车维修作业中的有害因素及其防范措施。
3. 记住汽车维修人员的基本素养。

活动一　汽车维修安全的内容与标志

一、安全的内容

安全是做好一切工作的前提,汽车维修作业中的安全包含两方面的内容:

(1) 维修过的汽车不得存在任何安全隐患(这主要通过检修时的规范操作及有效的质量检验来保证)。

(2) 维修过程中,维修人员的人身安全,要得到全方位的保护,尤其要能预见到可能的伤害。通过严格的安全制度、规范的操作规程、完善的劳动纪律来保证维修人员的安全。做到预防为主,养成安全操作的习惯。本项目内所谓的安全即指维修人员的安全保护。

二、安全的标志

汽车维修厂常用的安全标志用于提醒机械、电器等的使用者,注意避免可能造成人身伤害及机械损坏的危险。所有员工必须养成进入工作场所,首先注意设施和墙壁等处警告标志的习惯。

一般汽车上及维修场所设施上的安全标志有禁止标志与警示标志。

(一) 禁止标志

禁止标志是提醒人们不允许做的事,如图 1-1 所示。禁止标志由红色外圆、45°斜杠和表示警告的图案组成。

(二) 警示标志

警示标志是提醒人们在工作时要注意的内容。警示标志由黄色三角边框和表示警示内容的符号组成,如图 1-2 所示。

(三) 文字提示

在许多设备附近还会贴有专门的文字提示,如:"在汽车举升时作业,安全锁必须处于锁止状态。"

进口汽车和维修设备的标贴上用英语单词 warning、caution 和 important 等引导的内容往

禁止通行　　禁止放置易燃物品　　禁止带火种　　修理时禁止转动

禁止停留　　禁止入内　　禁止起动　　转动时禁止加油

图 1-1　汽车维修厂常见的禁止标志

当心机械伤人　　当心扎脚　　当心落物　　当心坠落　　当心车辆

当心弧光　　当心激光　　注意安全　　当心火灾　　当心滑跌

图 1-2　汽车维修厂常见的警告和警示标志

往表示与人身安全和机件损坏等有关的重要信息。一定要在了解了这些内容后，才能开始相关的作业。

活动二　汽车维修作业中的有害因素及其防范

汽车维修作业中的有害因素有火灾、机械伤害、废气、化工用品、电器伤害、粉尘、噪声等。下面对上述有害因素进行分析。

一、火灾

在对汽车的维修和使用中，有可能因操作不当而引发火灾。

（一）引起火灾的基本条件

引起火灾的基本条件有以下 3 点（如图 1-3 所示）：

(1) 可燃物（燃料、油漆、制动液、塑料等）。

(2) 火源(电火花、烟头、焊枪等)。
(3) 环境(空气等)。

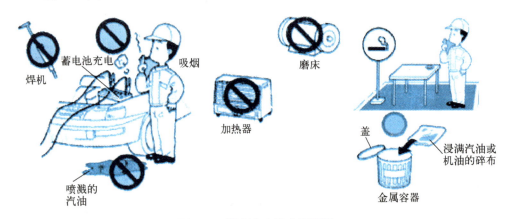

图1-3 引起火灾的主要原因

(二) 预防措施

(1) 吸烟应到吸烟室。

(2) 汽油或吸满汽油或机油的碎布有时可能自燃,所以它们应当被放置到带盖的金属容器内。

(3) 在机油、汽油存储地或可燃的零件清洗剂附近,严禁使用明火。

(4) 千万不要在处于充电状态的电池附近使用明火或产生火花,因为充电过程中产生了可以点燃的爆炸性气体。

(5) 车窗附近不要放置玻璃或者水晶工艺品,防止因光线聚焦而引起的火灾。

(6) 维修电器时要保证老化的线路及时更换,电器连接牢固,防止工作时产生火花。

二、机械伤害

(一) 造成机械伤害的原因

在维修过程中,会因操作及设施的不规范而引起员工的挤、夹、扭、摔、划、割、砸、压等伤害。

(二) 预防措施

(1) 车间内始终要保持工作场地干净,保护自己和其他人免受伤害。不要把工具或零件留在有可能踩到的地方。养成物归其位的良好习惯。

(2) 随时清理干净任何地方的燃油、机油、润滑脂,防止人员滑倒。

(3) 工作时采用正确的姿势。

(4) 搬运沉重的物体时要极度小心,以免砸伤脚。不要举起对你来讲很重的物体,以免腰部受伤。

(5) 在操作旋转物体时,不要戴手套。拆装带有弹簧的机件时要使用专用工具。

(6) 在进行有强光的电器维修和电焊以及处理易碎、易爆的物体时,要戴好防护眼镜。

(7) 在升降车辆时,只要轮胎离开地面,就要确认车辆是否牢固地支撑在举升机上,并确定举升和锁止装置有效。

(8) 在操作前要阅读说明书,从而能正确地使用各种电气、液压和气动设备。

三、废气

(一) 废气对人体的危害

发动机排出的废气中含有对人体、环境有害的成分。国际上已经将汽车废气作为污染环境的最主要的因素之一。人长时间吸入含有一定浓度的废气,会引起极大的,甚至致命的伤害。

(二) 预防措施

在车间的任何地方,任何时间起动车辆,要使用尾气吸排设备和通风设备。

四、化工用品

(一) 化工用品的类型及对人体的危害

车内使用的各种化工产品往往会产生有害的气体从而对人体造成伤害。例如:

(1) 防冻液。防冻液的主要成分是有毒的乙二醇。

(2) 各种清洁剂。大部分清洁剂中都含有甲基氯化物、芳香族类,还有乙醇,都有一定的毒性。

(3) 电解液。电解液是由硫酸和水构成的,硫酸具有强烈的腐蚀性。

(4) 苯。苯是燃油类、油漆、稀料等有机溶剂的成分之一,会造成人体神经等器官的伤害,甚至致癌。

(5) 石油产品。燃油及废、旧机油等都含有对人体有害的物质,长期接触会导致癌变或中毒。这些液体若被误食、吸入、溅入眼睛、接触皮肤,均会造成人身伤害。

(二) 预防措施

在使用化工用品时,要戴好各类防护用品,包括防毒面具、防护眼镜、防护手套等。当这些化学用品被误食、吸入、溅入眼睛、接触皮肤时,应立即送医院治疗。

不可将用剩的防冻液加入空饮料瓶中,不得随意摆放此类工作液。

不得将易燃的流体倾倒入下水道。

五、电器伤害

(一) 电器伤害的原因

电器伤害主要指因操作、设备的不规范所引起的触电,或因电路老化等原因所产生的电火花引起的火灾。

(二) 预防措施

(1) 如果发现电气设备有任何异常、短路或发生火灾,首先关闭电源。

(2) 如果发现任何电器的布线不正确或保险丝断掉,立即检查原因或报告技术主管。

(3) 不要靠近断裂或摇晃的电线;千万不要用湿手接触任何电气设备;千万不要接触标有"发生故障"的开关;拔下插头时,不要拉电线,而应当拉插头本身;不要让电缆通过潮湿、浸有油的地方、炽热的表面、尖角附近。

(4) 在开关、配电盘或马达等物附近不要放置或使用易燃物,因为它们容易产生火花。

(5) 工作中如遇突然停电,必须切断电源。

六、粉尘

(一) 造成粉尘的原因

在汽车维修场所中经常有对人体有害的粉尘。例如,加工制动蹄片或使用砂轮磨削零件过程中产生的粉尘。

(二) 预防措施

戴好防护面罩、防护眼镜。

七、噪声

(一) 造成噪声的原因

修车场所的某些设备(如切割机、鼓风机)以及进行钣金作业时,会产生极大的噪声,持久的高分贝噪声会损伤人们的听力。

(二) 预防措施

戴好防护耳塞。

员工在进入工作场所之前,必须了解相关的安全制度,并接受规范的安全教育。在险情讨论中,员工可互相交流他们在日常工作中所遭遇的险情,陈述身边的险情是如何发生的,目的是防止别人重蹈覆辙,然后要分析导致这些危险情况发生的因素,以及如何采取适当措施来创造一个更安全的工作环境。

活动三 汽车从业人员的基本要求

为了能更加高效而安全可靠地进行维修,汽车从业人员应该达到以下要求。

一、穿戴要求

着装安全,不带饰物,穿干净的制服,一直穿防护鞋,并根据作业项目选戴护目镜、护耳塞、防毒面罩,如图 1-4 所示。

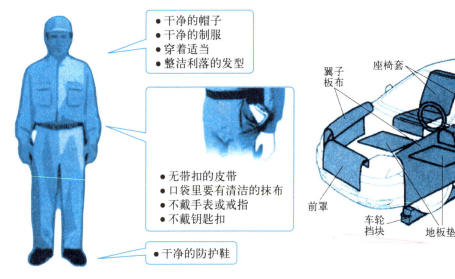

图 1-4 汽车从业人员穿戴要求　　图 1-5 汽车从业人员就车作业要求

二、爱护车辆

要爱护车辆、避免因拆装作业不当而损伤汽车,要做到以下4点:

(1) 维修时,要使用座椅套、翼子板布、前罩、方向盘套和地板垫,如图1-5所示。
(2) 小心驾驶客户车辆,不在客户车内抽烟。
(3) 切勿使用客户音响设备或车内电话。
(4) 拿走留在车上的垃圾和零件箱。

三、车间整洁有序

维修时,要保持车间(地面、工具架、工作台、仪表、测试仪等)的整洁有序,必须做到以下4点:

(1) 拿开不必要的物件。
(2) 整齐有序地放置零部件、工具和材料。
(3) 经常打扫、清洗和擦净地面。
(4) 汽车停正并用三角木顶住车轮后,拉起手刹方可作业。

四、作业前充分准备

作业前,应备好相应工具、拆装中可能更换的易损件及必换的一次性零件,备好润滑油、冷却液等材料。如果是第一次进行某项作业,必须仔细阅读相关的维修手册、说明书等资料。

五、做好作业后工作

拆装作业后,仔细检查所有机件是否都已复位,清洁机件。完成记录(作业项目、更换机件、使用工具,尤其是出现的安全隐患及事故)。将旧的零件放在塑料袋或者空零件袋中,并放在预定的地方(例如,在前乘客座椅前面的地板上)。

六、后续工作

后续工作的内容主要有以下两项:

(1) 完成维修单和维修报告(例如,记录故障原因、更换的零件、更换原因、工时及责任人等)。
(2) 在工作中发现任何异常情况及未列在维修单上的任何其他信息,必须通知管理人员。

项目二 维修工具与量具的使用

活动一　常用工具的使用

活动二　常用量具的使用

活动三　汽车维修专用工具的使用

项目二 维修工具与量具的使用

知识目标
知道汽车维修常用工具、量具的类型及结构。
能力目标
能规范使用汽车维修常用工具和量具。

活动一 常用工具的使用

一、工具的类型和结构

一般可将工具分为通用和专用两大类。通用工具指可普遍使用于各行各业同类作业的工具,常见的通用工具有扳手、螺丝刀、钳子、手锤等,如扳手可用于各行业同类螺栓的拆装。

专用工具指为某一专项作业特别设计的工具,如汽车火花塞上的套筒,只能用于火花塞拆装。

(一)扳手

扳手用以紧固或拆卸带有棱边的螺母和螺栓,常用的扳手有开口扳手、梅花扳手、套筒扳手、活动扳手、扭力扳手等,如图 2-1~图 2-4 所示。

套筒扳手除了具有一般扳手的用途外,特别适用于在狭窄空间旋转或隐蔽较深处的螺母和螺栓。一套套筒扳手通常由短套筒、长套筒、万向接头、飞扳手、长接杆等组成,套筒的内孔形状主要有六角或十二角,如图 2-2 所示。

图 2-1 开口扳手和梅花扳手

活动扳手由把手、调节螺钉、可调钳口和固定钳口组成,如图 2-3 所示。活动扳手的开口宽度可调节,能在一定范围内变动尺寸。其优点是遇到不规则的螺母或螺栓时,更能发挥作用。其缺点是易损坏螺母的棱角。

扭力扳手是在拧紧螺栓过程中能同时显示拧紧力矩的工具,可据此控制螺纹件的扭紧力矩,由把手、刻度盘、指针、杆身和套筒结合头等组成,如图 2-4 所示。

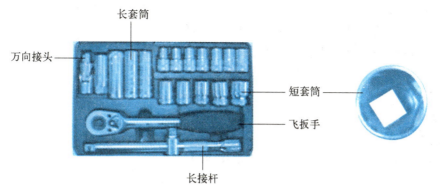

图 2-2 套筒扳手

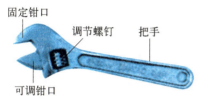

图 2-3 活动扳手

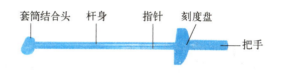

图 2-4 扭力扳手

(二)起子

起子用于拆卸和更换螺钉。根据头部的形状分为一字头和十字头起子,如图 2-5 所示。

(三)钳子

钳子用于操作或夹紧小零件,还可以用来切断细导线或剥掉绝缘层,常用的有鲤鱼钳和尖嘴钳等,如图 2-6 所示。

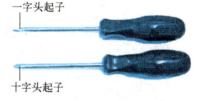

图 2-5 起子

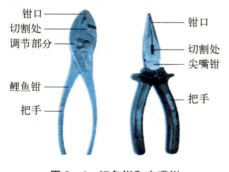

图 2-6 鲤鱼钳和尖嘴钳

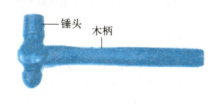

图 2-7 手锤

(四)手锤

手锤又称榔头,由锤头和木柄组成,用于敲击、拆卸和更换零件,如图 2-7 所示。

(五)工具使用注意事项

常用工具结构简单,使用方便,但错误操作会产生不良后果,使用时应注意:
(1)不可任意代用:如起子不可当撬棒、凿子。钳子不可代扳手。扳手、钳子不可代手锤。
(2)不可以大代小:不可用大活动扳手拧小螺栓,用大规格手锤锤击脆性机件。

(3) 使用前要作安全检查：工具表面不得有油污。锤头不得松动。如进行电器操作,要保证钢丝钳、尖嘴钳等有绝缘柄的工具绝缘层耐压值为 500 V。

(4) 工具持握手势正确,操作规范,放置有序,使用中保持清洁。

二、常用工具的使用

工 作 页 1

常 用 工 具 的 使 用	班级	日期
	姓名	成绩

实训要求
能熟练、正确使用汽车的常用工具。

实训步骤
1. 螺纹连接件拆装训练板
螺纹连接件拆装训练板分各类扳手规格选用训练区和拧紧顺序训练区,如图 2-8 所示。

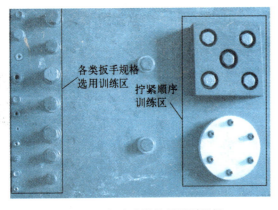

图 2-8　螺纹连接件拆装训练板

图 2-9　开口扳手的使用

2. 扳手的使用
(1) 开口扳手和梅花扳手的使用。
使用开口扳手在"各类扳手规格选用训练区"上拧紧和拧松各螺栓,如图 2-9 所示。
不能用套筒扳手或梅花扳手拆除或更换螺栓、螺母时,使用开口扳手。使用开口扳手时,要将开口与螺栓(螺母)贴紧,防止扳手滑出,造成零件的损伤或人身的伤害。

 注意　常规扳手不能提供较大扭矩,也无法保证各紧固螺纹件的扭矩一致,因此不能用于重要螺栓的最终拧紧。不能在扳手柄上随意接加长套管,这会造成超大扭矩以致损坏零件。

梅花扳手同开口扳手的用途相似,但能更好地保护螺栓、螺母的六角棱,如图 2-10 所示。
(2) 套筒扳手的使用。
使用套筒扳手在"各类扳手规格选用训练区"上拧紧和拧松各螺栓。
在使用套筒时,套筒的连接头要与接杆的连接头相配套。要在某些拐弯处使用万向接头时,万向接头转角不能超过 45°;在平面拧动螺栓时要使用接杆,但不能用手直接扳动接杆,如图 2-11 所示。

（续　表）

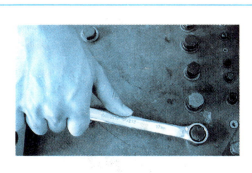

图 2-10　梅花扳手的使用

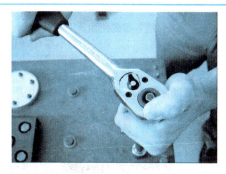

图 2-11　套筒扳手的使用

（3）活动扳手的使用。

使用活动扳手在"各类扳手规格选用训练区"上拧紧和拧松各螺栓。当螺栓小而扳手大时，极易损坏螺栓，此时应避免使用活动扳手。使用时根据螺栓的大小，调节活动扳手的尺寸，调节到和螺栓无间隙即可。注意活动扳手不可反拧，如图 2-12 所示。

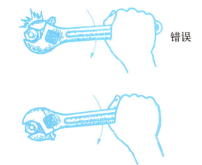

图 2-12　活动扳手的使用

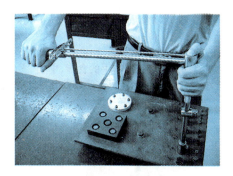

图 2-13　扭力扳手的使用

（4）扭力扳手的使用。

使用扭力扳手在"各类扳手规格选用训练区"上拧紧和拧松各螺栓。拧紧螺栓过程中注意拧紧力矩的大小，如图 2-13 所示。

3. 起子的使用

按照螺钉的形状选择起子，使用时要紧贴螺钉，如图 2-14 所示。

注意　　不能使用鲤鱼钳来旋转起子加力，不可用手锤敲击，起子不可当翘棒用。

   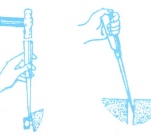 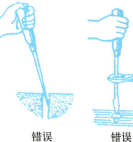

　　　　　　　　　　　　　　错误　　　　　错误　　　　　错误

图 2-14　起子的使用

(续 表)

4. 尖嘴钳和鲤鱼钳的使用

尖嘴钳的头部夹口用来夹持细小零件,但夹紧的力不能过大,否则会使夹口变成喇叭形。尖嘴钳后部的刀口是用来切断电线或拨开电线的表皮,如图2-15(a)所示。

鲤鱼钳使用时,要根据被夹物的大小来选择夹口的大小。它的切口可以切断细铅丝,在夹持油管时,要用胶布包裹以免伤害其表面,如图2-15(b)所示。

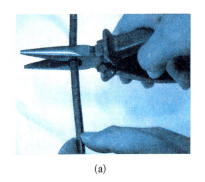 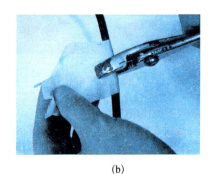

(a) (b)

图2-15 尖嘴钳和鲤鱼钳的使用

5. 手锤的使用

正确握锤手势为用右手的食指、中指、无名指和小指紧握锤柄,大拇指贴在食指上,挥锤和击锤时手势不变,如图2-16所示。每次使用前要确定锤头不松动。

图2-16 手锤的使用

活动二 常用量具的使用

一、游标卡尺

(一)作用

测量零件的长度、外径、内径和深度。

(二)结构

游标卡尺主要由主尺、副尺、活动卡脚和固定卡脚等组成,如图2-17所示。固定卡脚同主尺是一体。活动卡脚同副尺是一体,固定螺钉用来固定副尺。上卡脚测量内表面,下卡脚测量外表面。有的游标卡尺,在主尺背面有深度尺,与活动卡脚一齐移动,可测量沟槽的深度。

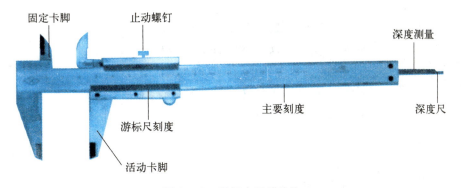

图 2-17 游标卡尺的结构

(三) 读数方法

如图 2-18 所示,读数时,先读出副尺的零线对主尺刻线左边的完整格数,为读数毫米;再读出副尺上与主尺对齐的刻线读数,第一条零线不算,第二条起每格算 0.10 mm;最后,将主尺与副尺的读出尺寸相加。使用游标卡尺应注意:

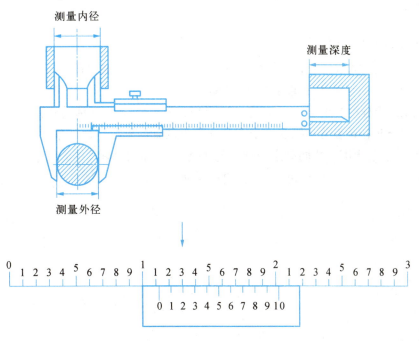

图 2-18 游标卡尺的使用

(1) 测量前,首先要清洁卡尺表面,并使卡脚并齐,检查主尺同副尺的零位是否对齐。
(2) 测量时先将卡脚张开,再缓慢推动副尺,使两卡脚与工件接触,禁止强拉硬卡。
(3) 不能用卡尺测量铸锻毛坯件,以免失去精度。

二、外径千分尺

(一) 作用

测量零件的直径。

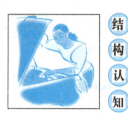

(二)结构

外径千分尺规格按测量范围有 0~25 mm,25~50 mm,50~75 mm,75~100 mm,…,275~300 mm 等多种。

在固定套管上,每隔 0.50 mm 刻一条直线(轴向上),而在活动套管的圆周也刻有 50 格等分线。活动套管每转过一小格,则相当于螺杆前进或后退 0.50 mm/50=0.01 mm,如图 2-19 所示。

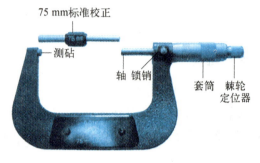

图 2-19 外径千分尺的结构

图 2-20 外径千分尺的操作

(三)读数方法

(1)测量前必须校正零位。

(2)测量时,先转动活动套管,当测量面将接近工件时,改用棘轮转动,直到棘轮发出"咔咔"响声后停止转动,扳动制动环,读取测量值,如图 2-20 所示。

(3)测量时,千分尺要放正,并要注意温度影响。测量后,要倒转活动套管后再拿出。

读数时,先读出活动套管边缘在固定套管线最近的轴向刻度后面的数(为 0.50 mm 的整数倍);再读出活动套管上哪一格同固定套管上基准线对齐(即轴向刻度中心线重合)的圆周刻度数(为 0.50 mm 的等分数);最后把两个读数相加,即为总尺寸。

三、塞尺(又称厚薄规)

(一)作用

测量零件的间隙。

(二)结构

塞尺的结构如图 2-21(a)所示。

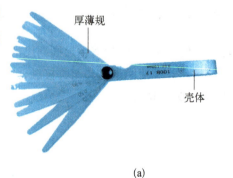

(a)

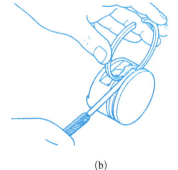

(b)

图 2-21 塞尺及其使用

（三）测量方法

使用塞尺时，根据零件尺寸的需要，可用一片或数片重叠在一起插入间隙内。当拉动塞尺感到有阻力时，塞尺的厚度即为所测间隙的厚度，如图 2-21(b)所示。

四、游标卡尺和千分尺的使用

操作步骤

工作页 2

游标卡尺、千分尺的使用	班级		日期	
	姓名		成绩	

实训要求
1. 了解游标卡尺、千分尺的结构。
2. 能熟练正确地读出游标卡尺、千分尺的数值。

实训步骤
　　1. 游标卡尺的使用
　　(1) 游标卡尺可直接量出零件的＿＿＿＿＿＿＿＿＿＿＿＿＿＿＿＿＿＿尺寸。
　　(2) 游标卡尺主要由＿＿＿＿＿、＿＿＿＿＿、＿＿＿＿＿和＿＿＿＿＿等组成。
　　(3) 游标卡尺的读数方法为：
　　先读＿＿＿＿＿＿＿＿＿＿＿＿＿＿＿＿＿＿，再读＿＿＿＿＿＿＿＿＿＿＿＿＿＿＿＿＿＿，
最后＿＿＿＿＿＿＿＿＿＿＿＿＿＿＿＿＿＿＿＿＿。
　　(4) 读出图 2-22 中游标卡尺的读数：

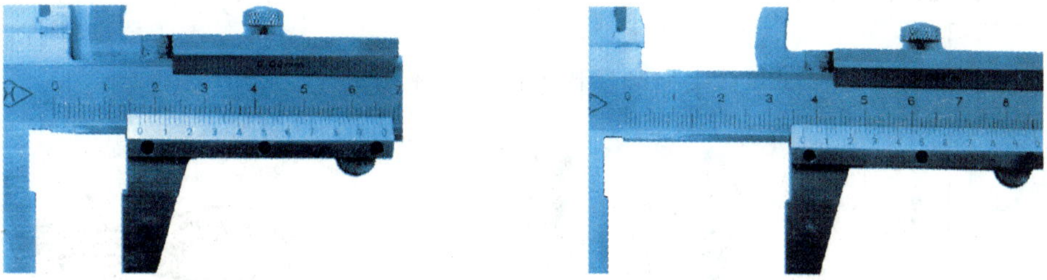

游标卡尺的读数为＿＿＿＿mm　　　　　　游标卡尺的读数为＿＿＿＿mm

图 2-22　游标卡尺的读数

　　(5) 二人一组，读出两个活塞裙部的直径＿＿＿＿＿、＿＿＿＿＿。
　　2. 千分尺的使用
　　(1) 一般千分尺的测微读数为＿＿＿＿mm。
　　(2) 千分尺的读数方法为：
　　先读出＿＿＿＿＿＿＿＿＿＿＿＿＿＿＿＿＿＿＿＿，再读出＿＿＿＿＿＿＿＿＿＿＿＿＿＿＿＿，
最后＿＿＿＿＿＿＿＿＿＿＿＿＿＿＿＿＿＿＿＿＿。
　　(3) 读出图 2-23 中千分尺的读数：

(续 表)

千分尺的读数为_____mm。

千分尺的读数为_____mm。

千分尺的读数为_____mm。

千分尺的读数为_____mm。

图 2-23 千分尺的读数

（4）测量两个活塞的直径_____、_____。

活动三　汽车维修专用工具的使用

一、活塞环卡钳

（一）作用

用于安装与拆卸活塞环。

结构认知

（二）结构

活塞环卡钳的结构如图 2-24 所示。

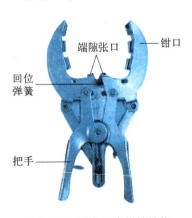

图 2-24 活塞环卡钳的结构

图 2-25 活塞环卡钳的使用

（三）使用方法

将活塞环开口卡上卡钳的端隙张口，活塞环平放入卡钳内，按下握手张开活塞环，放入活塞环槽中，如图 2-25 所示。

二、活塞环夹箍

(一) 作用

用于在安装活塞连杆组时夹紧活塞环。

(二) 结构

活塞环夹箍的结构如图 2-26 所示。

(三) 操作

在安装活塞连杆组时,扳动扳手使张紧器张紧,箍圈压缩活塞环,将活塞连杆组装入气缸。

活塞环卡钳和活塞环夹箍的工作页详见活塞连杆组的拆装。

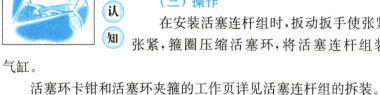

图 2-26 活塞环夹箍的结构

项目三
汽车和发动机的总体构造

活动一　汽车的分类与其代码

活动二　汽车的总体结构与基本参数

活动三　发动机的总体构造与分类

活动四　发动机的基本术语和主要结构参数

项目三　汽车和发动机的总体构造

知识目标
1. 了解汽车的分类与代码。
2. 了解汽车的基本组成部分。
3. 掌握汽车的外形参数与性能参数。
4. 了解发动机的基本组成部分。

能力目标
1. 熟练认知汽车的基本组成部分的主要零件。
2. 熟练认知发动机的基本组成部分的主要零件。
3. 识读汽车的铭牌。

活动一　汽车的分类与其代码

一、汽车的类型

随着汽车工业的不断发展，汽车的用途也越来越广泛，所以我国根据汽车的用途将其分为轿车、客车、载货汽车、越野汽车、自卸汽车、牵引汽车、专用汽车、半挂车及专用半挂车等八大类，如图3-1～3-8所示。

图3-1　轿车(小客车)

图3-2　客车

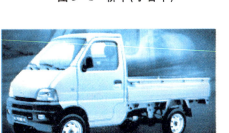

图3-3　载货汽车

图3-4　越野汽车

图 3-5 专用汽车

图 3-6 自卸汽车

图 3-7 牵引汽车

图 3-8 半挂车及专用半挂车

二、汽车的代码

现代汽车是以生产厂家、汽车的类型及其基本特征、设计序号等进行分类的,通常反映在汽车的铭牌上,如图3-9所示。

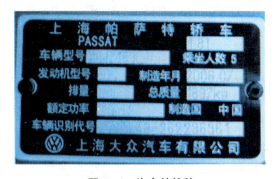

图 3-9 汽车的铭牌

国产汽车型号根据国标一般由6～7位字码(汉语拼音及数字)组成。

(一)车型代码

1. 汽车的生产厂家

我们以列表形式介绍国内一些著名的汽车生产厂家,见表3-1。

现在许多大型汽车企业同时与国外数家企业合资生产不同品牌的汽车,比如上海汽车工业总公司与德国大众合资生产大众汽车(SVW)。同时,与美国通用合资生产通用汽车(SGM),代码用3个汉语拼音字母表示。

表 3-1 汽车的生产厂家代号

企 业 名	车牌名	汉语拼音	代 号
第一汽车集团公司	解放		CA
东风汽车工业公司	东风	Dongfeng	DFM
北京汽车制造厂	北京	Beijing	BJ
南京汽车制造厂	跃进	Nanjing	NJ
上海汽车制造厂	上海	Shanghai	SH
天津汽车制造厂	天津	Tianjin	TJ
济南汽车制造厂	黄河	Jinan	JN
陕西汽车制造厂	延安	Shanxi	SX
四川汽车制造厂	红岩	Chuanqi	CQ
武汉汽车制造厂	武汉	Wuhan	WH

2. 汽车类别代号

汽车类别代号见表 3-2。

表 3-2 不同汽车的代号

车辆类别代号	车辆种类	车辆类别代号	车辆种类
1	货 车	6	客 车
2	越野车	7	轿 车
3	自卸车	8	
4	牵引车	9	半挂车及专用半挂车
5	专用汽车		

3. 主参数代号

主参数代号用两位数字表示,其表达内容见表 3-3。

表 3-3 汽车的主参数代号

车辆类别	汽车的主参数 (末位数为四舍五入取得)	举 例 说 明
载货汽车		
越野汽车		
自卸汽车	表示汽车的总质量的数值(t) 当总质量超过 100 t 时,用 3 位数表达	主参数为 04 的车辆其总质量为 3.5~4.4 t 主参数为 19 的车辆其总质量为 18.5~19.4 t
牵引汽车		
专用汽车		
半挂车及专用半挂车		

(续 表)

车辆类别	汽车的主参数 (末位数为四舍五入取得)	举 例 说 明
客 车	表示汽车的总长度的数值(0.1 m) 当总长度超过10 m时以米(m)为单位	主参数为12的客车其总长度为 12.5～13.4 m
轿 车	表示发动机的排量的数值(0.1 L) 精确到小数点后一位	主参数为11的轿车其排量为 10.5～11.4 L

4. 产品设计顺序号

产品顺序号一般由1位数字代表,第一代产品序号为0。之后依次使用1,2,3,…设计有重大变化时,顺序号延顺。一般来讲顺序号越大,相对技术越先进。

车型代码举例如下:

GZH7230:GZH是指广州本田;7指轿车;23指排量2.3 L;0指第一代产品。

CA1091:CA指一汽;1指货车;09指总质量9 t;1指第二代产品。

(二) 发动机机型及总排气量

发动机机型及总排气量标明在铭牌上,用以区分相同型号车辆上所安装的不同型号和不同排量的发动机。

(三) 底盘号

用以确定车辆的车架号,打印在车身或车架上,车架号包括基本车型代码和系列号。

(四) 车辆识别代码

车辆识别代码是用来区别车辆的,是全球汽车工业标准化的主要依据。

(五) 车身颜色代码

车辆的外观颜色也用代码代表,颜色代码在配制车身油漆和有颜色的外部零件(如保险杠和外部门镜)时是必需的。

(六) 装饰颜色代码

装饰颜色代码代表车辆内部的颜色;此代码在定购有颜色的内部零件(如转向盘、座椅、门装饰等)时是必需的。

(七) 变速器形式

变速器代码代表具体车辆上使用的变速器类型,用以区分相同车型的车辆所安装的不同型号的变速器和传动轴。

(八) 车桥代号

车桥代码是由字母和数字混编而成,它代表下列几条信息:齿圈直径、齿轮传动比、小齿轮的数量和是否有ISD(限滑差速器)。

(九) 厂名代码

厂名代码代表汽车生产厂的厂名,此代码不是订购零件所必需的。

三、汽车的VIN码

按国际上对车辆出口国的法律要求,汽车应有车辆识别代码(VIN,也叫17位码),其作用相当于人的护照。一般在30年内不会有两辆车有相同的VIN码。VIN码一般打印在仪表盘上方的号码板上，可从车外透过挡风玻璃看到。在对汽车检测维修、技术升级时，往往需要向电脑输入该车的VIN码，从而得到全面、权威、准确的信息支持，以及专用检测仪的认可。

VIN码由17位数字和字母组成，共分为3部分：① 世界制造厂识别代码（第1~3位）；② 车辆说明部分（第4~8位）；③ 车辆指示部分（第9~17位）。

□□□	□□□□□	□□□□□□□□□
世界制造厂识别代码	车辆制造说明部分	车辆指示部分

例如上海桑塔纳2000轿车的VIN码

LSVHH133022231914

LSV：上海大众　　　　　　　　0：校验码
H：四门加长型折背式车身　　　2：2002年
H：AJR发动机　　　　　　　　2：大众二厂
1：安全气囊（驾驶员）　　　　231914：制造序号
33：上海桑塔纳2000轿车

活动二　汽车的总体结构与基本参数

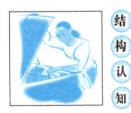

结构认知

一、汽车的总体结构认知

汽车由发动机、传动系、行驶系、转向系、制动系、车身、电器系统和电子控制系等几大部分组成，如表3-4所示。

表3-4　汽车结构简表

序号	结构名称	功　用
1	发动机	汽车动力源
2	传动系	将发动机动力传至驱动轮
3	行驶系	支持车身，并通过车轮将驾驶员对车辆的操控传至路面
4	转向系	帮助驾驶员掌控车行方向，保证直行稳定，转向灵活
5	制动系	帮助驾驶员在车行时迅速减速或停车。驻车时使车辆可靠停放，防止滑移
6	车身	用以安装汽车全部机件的骨架并承载人员、贮存货物，应具备安全、舒适、便捷等特点
7	电器系统	提供持续可靠电源及控制装置，使汽车用电系统能正常工作
8	电子控制系统	用电脑对汽车的工作进行准确调控

二、汽车的基本参数

要想准确了解汽车的结构尺寸、性能和工况,往往需要借助数字表达的物理量,这个物理量就叫汽车的基本参数。

当我们说这辆汽车跑得很快时,"很快"这个词其实不能准确表达汽车的速度,只代表了个人的感受。但如果说这车的最高时速为 160 km/h。而且加速性能良好,从 60 km/h 加速到 90 km/h 只需要 5 s。由于用具体数字表达了汽车的速度,我们就能准确地了解汽车行驶时的速度,并能以此与其他汽车的速度进行比较。这类表达汽车性能的物理量称为汽车的参数。汽车的参数一般由两部分组成:一部分是数字,一部分是单位。如 60 km/h 中,60 是数字,km/h 是单位。但也有只用数字表达的参数,如发动机的压缩比,只是一个比值,故没有单位。

(一)汽车的质量

1. 整车整备质量

汽车完全装备好的质量,包括发动机、底盘、车身、电气设备和汽车正常行驶所必需的辅助设备,加足燃料、润滑油、冷却液及其他工作液,带齐随车工具、标准备件、备用轮胎、灭火器等的质量。

2. 最大总质量

汽车满载时的总质量。

3. 最大装载质量

最大总质量与整车整备质量之差。

(二)汽车的主要尺寸

汽车的主要尺寸如图 3-10 所示。

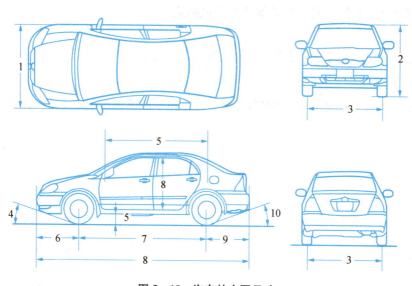

图 3-10 汽车的主要尺寸

1. 车宽

车辆横向两侧固定突出部位之间的距离。固定突出部位不包括后视镜、侧面标志灯、示位灯、挡泥板等。

2. 车高

车辆最高点与车辆支撑平面之间的距离。

3. 轮距

同轴两侧车轮轮胎宽度对称面之间的距离。轴两端为双胎时,轮距为车辆两中心平面之间的距离。

4. 接近角

车辆前端突出点向前轮所引切线与地面之间的夹角。

5. 最小离地间隙

满载车辆除车轮以外最低点至地面之间的距离。

6. 前悬

前轮旋转中心至车辆最前端的距离。

7. 轴距

车轴中心线之间的距离。

8. 车长

车辆纵向前后最外端突出部位之间的距离。

9. 后悬

后轮旋转中心至车辆最后端的距离。

10. 离去角

车辆后端突出点向后轮所引切线与地面之间的夹角。

(三) 汽车的性能参数

1. 最高车速

汽车满载时在平坦的公路上行驶能达到的最高速度。

2. 等速百公里油耗

汽车在公路上以规定车速行驶时,百公里的燃油消耗量。

3. 最大爬坡度

汽车满载时的最大爬坡能力,可用所爬最大坡度角 θ 或该角度的正切值 $\tan\theta = \dfrac{B}{A}$ 表达,如图 3-11。

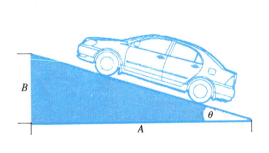

图 3-11 最大爬坡度

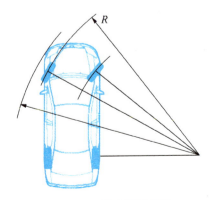

图 3-12 最小回转半径

4. 最小回转半径

向右或向左将方向盘转到尽头,使车辆在路上缓慢转弯时,车辆旋转中心和最外侧车轮(或车身最外侧)轮胎中心之间所绘圆的半径 R,如图 3-12。

三、汽车总体构造的认知

工 作 页 3

汽 车 总 体 构 造 的 认 知	班级	日期
	姓名	成绩

实训目标
了解汽车的总体构造。

实训要求
1. 桑塔纳轿车一辆。
2. 一位教师带教 12 位学生,分成 3 组,严格按照下列步骤完成工作页。

实训步骤
1. 复习汽车的总体构造
汽车总体由_____、_____、_____、_____组成。
2. 指出图 3-13 所示的汽车发动机布置,并且说明这台发动机是竖置的还是横置的?
_____。
3. 传动系的认知
请在实物上指认离合器、变速器、万向传动装置、主减速器、差速器、半轴。其传动路线为:
_____→_____→_____→_____→_____→_____。

图 3-13 发动机的布置

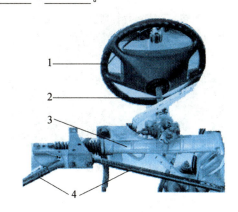

图 3-14 转向装置

4. 转向装置的认知
根据图 3-14,指出该车转向装置的主要零件。
　(1) _____,
　(2) _____,
　(3) _____,
　(4) _____。

5. 指出图 3-15 中汽车上各踏板的名称
(1) _____ ,(2) _____ ,(3) _____ 。

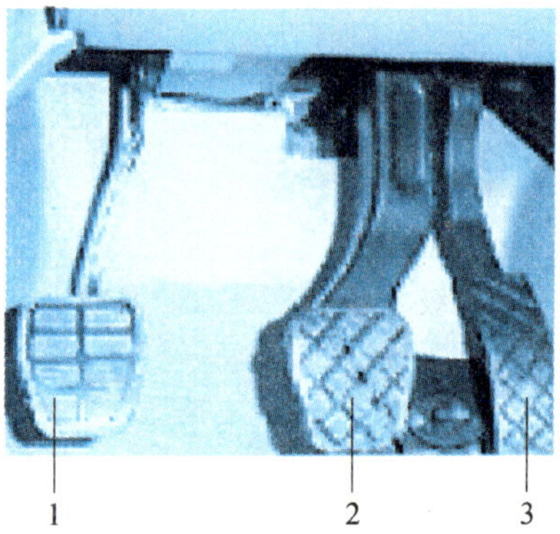

图 3-15　汽车上各踏板

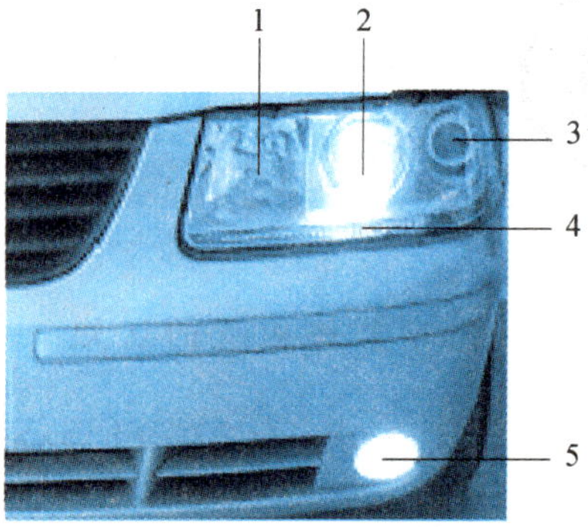

图 3-16　电器设备

6. 电器设备的认知(见图 3-18)
(1) 指出图 3-16 中汽车有哪几种灯光照明?
1) _____ ,2) _____ ,3) _____ ,
4) _____ ,5) _____ 。

(2) 指出图 3-17 中汽车仪表上有哪些指示或警告装置?
1) _____ ,2) _____ ,3) _____ ,
4) _____ ,5) _____ ,6) _____ ,
7) _____ ,8) _____ ,9) _____ ,
10) _____ 。

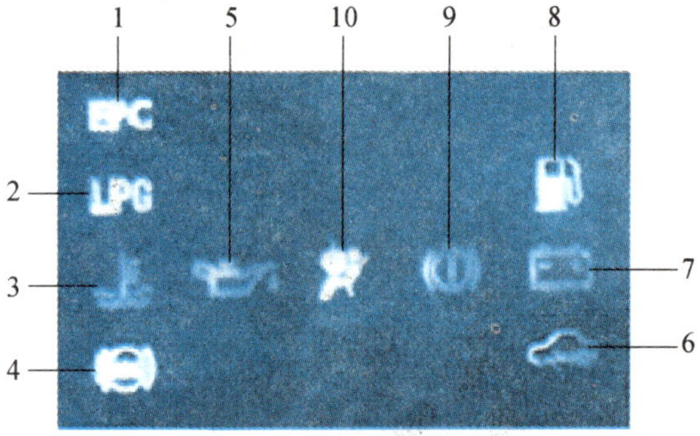

图 3-17　指示或警告装置

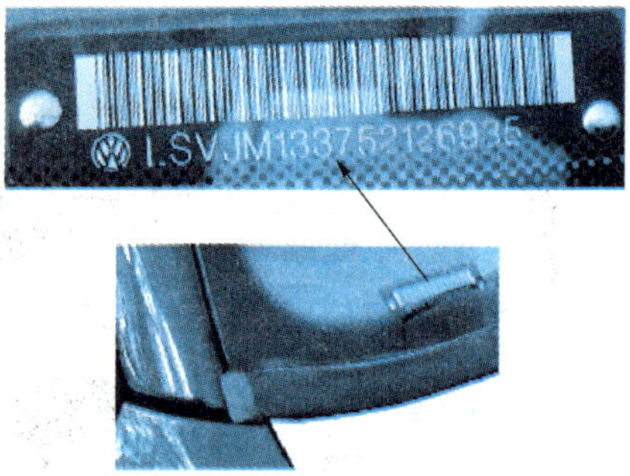

图 3-18　VIN 码

7. VIN 码的认知
记录图 3-18 中 VIN 码为：_____ ,并说明该车的生产国家、生产厂家、生产厂家分厂、车身代码、车身类型、发动机代码、车型年代：
_____
_____
_____
_____ 。

(续 表)

8. 指认汽车外观各部件(前、后保险杠,挡泥板,发动机盖,车顶,行李箱盖)的名称(图 3-19)
 (1)＿＿＿＿＿＿＿,(2)＿＿＿＿＿＿＿,
 (3)＿＿＿＿＿＿＿,(4)＿＿＿＿＿＿＿,
 (5)＿＿＿＿＿＿＿,(6)＿＿＿＿＿＿＿。

图 3-19 汽车外观各部件

活动三 发动机的总体构造与分类

一、发动机的作用

汽车动力来自发动机,它是汽车的心脏。现代汽车的发动机是将燃料在机体内燃烧释放的热能转换为机械能的内燃机。

二、发动机的分类

1. 汽车使用的燃料

汽油机使用汽油;柴油机使用柴油。

2. 发动机的排列方式

汽车发动机排列方式有直列式、V型式和对置式3种。

3. 发动机完成一个工作循环活塞上下运动的行程

发动机行程有二冲程和四冲程之分。

三、发动机的总体构造

汽车发动机主要由两大机构、五大系统组成。两大机构是指曲柄连杆机构、配气机构;五大系统是指燃料供给系统、点火系统、冷却系统、润滑系统和起动系统。下面我们以桑塔纳JV发动机为例,分别就上述组成作简单介绍。

(一) 曲柄连杆机构

曲柄连杆机构包括机体组、活塞连杆组和曲轴飞轮组三部分。

1. 机体组

机体组的结构如图 3-20 所示。

机体组包括气缸盖、气缸垫、气缸体及油底壳等。气缸盖和气缸体的内壁共同组成燃烧室的一部分，是承受高温、高压的机件。机体作为发动机各机构、各系统的装配基体。

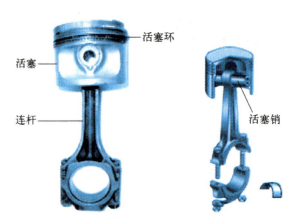

图 3-20　机体组　　　　　　图 3-21　活塞连杆组

2. 活塞连杆组

活塞连杆组的结构如图 3-21 所示。

活塞连杆组包括活塞、活塞环、活塞销和连杆等组成，在气缸里作往复直线运动。

3. 曲轴飞轮组

曲轴飞轮组的结构如图 3-22 所示。

曲轴飞轮组由曲轴、曲轴主轴承、曲轴主轴承盖和飞轮等组成。

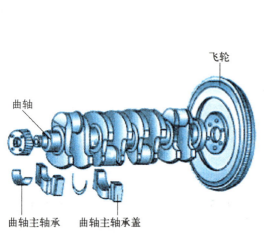

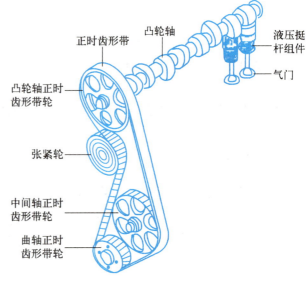

图 3-22　曲轴飞轮组　　　　　　图 3-23　配气机构

（二）配气机构

配气机构如图 3-23 所示。

配气机构由气门组和气门传动组组成。其作用是使可燃混合气及时充入气缸并及时从气缸排出废气。

(三)燃料供给系统

燃料供给系统的结构如图3-24所示。

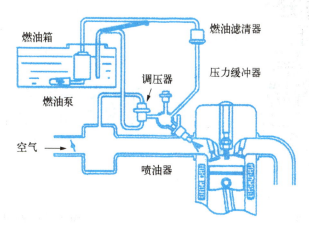

图3-24 燃料供给系统

包括燃油箱、燃油管、燃油泵、燃油滤清器、压力调节器、压力缓冲器、喷油器,如图3-24所示。其作用是根据发动机各种工况要求,配制具有一定数量、一定浓度的可燃混合气供入气缸,并将燃烧后生成的废气排出发动机。

(四)点火系统

点火系统的结构如图3-25所示。

点火系统包括电源(蓄电池和发电机)、分电器、点火线圈和点火开关。其作用是保证在规定时刻及时点燃气缸中被压缩的可燃混合气。

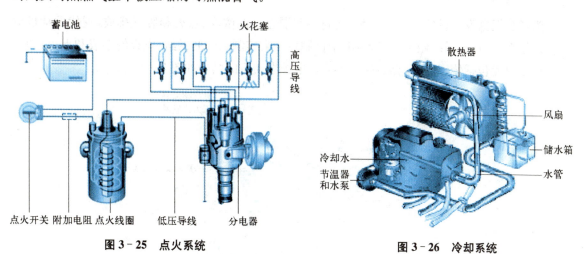

图3-25 点火系统　　　　　　图3-26 冷却系统

(五)冷却系统

冷却系统的结构如图3-26所示。

冷却系统主要包括冷却液泵、散热器、风扇、储水箱、水管、节温器、水温表以及气缸体和气缸盖里铸出的水套等。其功用是将受热机件的热散发于大气之中,使发动机在最适宜的温度下工作。

(六)润滑系统

润滑系统的结构如图3-27所示。

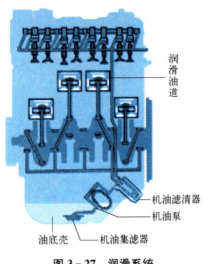
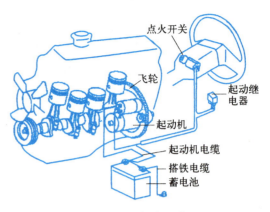

图3-27 润滑系统　　　　图3-28 起动系统

润滑系统包括油底壳、机油泵、机油集滤器、机油滤清器、限压阀、润滑油道及油管、油温和油压传感器、油温和油压表、油标尺等。其功用是将润滑油不断地供给做相对运动的零件,以减少它们之间的摩擦阻力,减轻机件的磨损,并部分地冷却摩擦零件,清洗摩擦表面。

(七) 起动系统

起动系统的结构如图3-28所示。

起动系统主要包括起动机、冷起动加热器及其附属装置,用以使静止的发动机起动并转入自行运转。

(八) 电控发动机

为了能根据发动机的转速和负荷,精确控制混合气的浓度、点火和废气排放,现代发动机对燃料供给系统、点火系统做了改进,由电子控制单元来控制燃油的供给、点火的形成和点火正时。电子控制单元包括传感器、计算机执行器等。电控发动机的结构如图3-31所示。

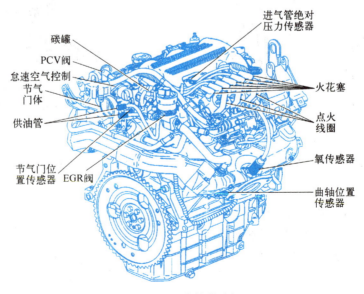

图3-29 电控发动机

传感器在现代汽车上用来收集汽车运行工况的信息并转换成电信号传送给电子控制单元,电子控制单元对这些信息进行分析、判断并形成处理结果,控制燃油的供给、点火的形成和点火正时。

操作步骤

四、发动机的结构认知

工 作 页 4

发 动 机 结 构 认 知	班级	日期
	姓名	成绩

实训目标
了解发动机的总体构造。

实训设备
1. 桑塔纳发动机两台、解剖发动机一台、别克发动机一台、柴油发动机一台。
2. 一位教师带教 12 位学生,分成 3 组,严格按照下列步骤完成工作页。

实训步骤
  1. 叙述发动机的作用
  叙述发动机的作用,发动机由哪几部分组成?
  2. 曲柄连杆机构的认知
(1) 机体组的认知,如图 3－30 所示。
  1) ＿＿＿＿＿＿,
  2) ＿＿＿＿＿＿,
  3) ＿＿＿＿＿＿,
  4) ＿＿＿＿＿＿。
(2) 认知图 3－31 中的活塞连杆组和曲轴飞轮组。
  1) ＿＿＿＿＿＿,
  2) ＿＿＿＿＿＿,
  3) ＿＿＿＿＿＿,
  4) ＿＿＿＿＿＿,
  5) ＿＿＿＿＿＿。

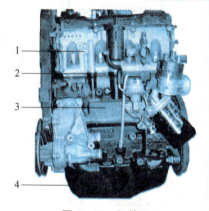

图 3－30 机体组

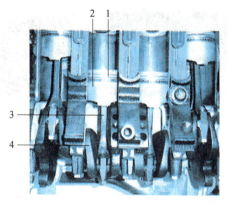

图 3－31 活塞连杆组和曲轴飞轮组

（续　表）

3. 配气机构的认知

请先看发动机上的标签,再观察凸轮轴的位置,是凸轮轴上置还是凸轮轴下置。

(1) 认知图 3-32 中的气门组。

1) _____,2) _____,3) _____,4) _____。

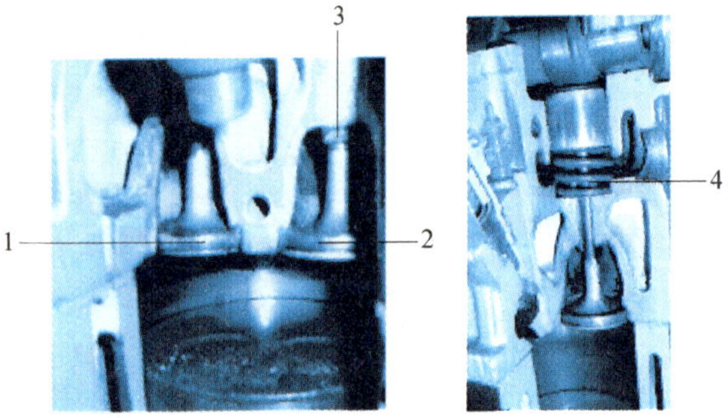

图 3-32　气门组

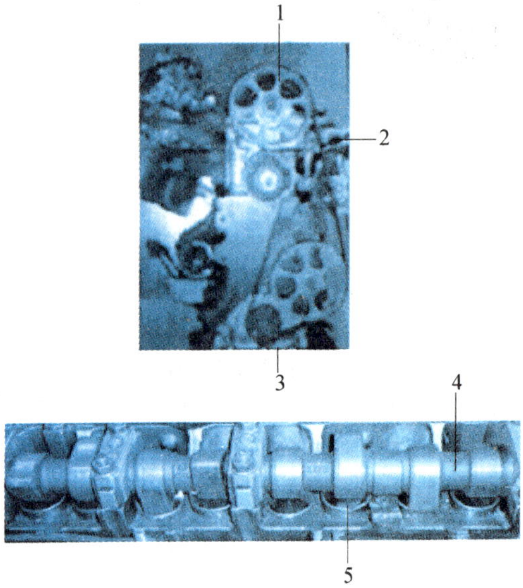

图 3-33　气门传动组

(2) 认知图 3-33 中的气门传动组。

1) _____,2) _____,3) _____,4) _____,

5) _____。

4. 燃料供给系统的认知

指认图 3-34 中的汽油燃料供给系统中的机件。

(1) _____,(2) _____,(3) _____。

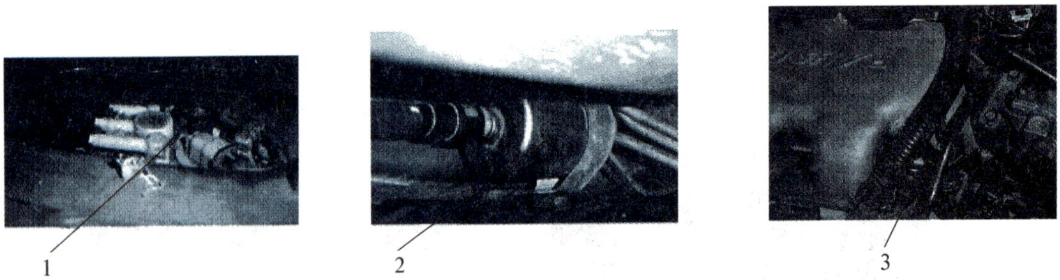

图 3-34　汽油燃料供给系统

(2) 指认图 3-35 中的柴油机燃料供给系统。

1) _____,2) _____,3) _____,4) _____,

5) _____,6) _____。

（续　表）

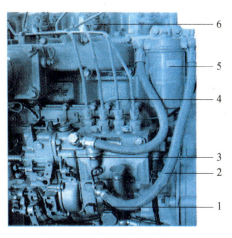

图 3-35　柴油机燃料供给系统

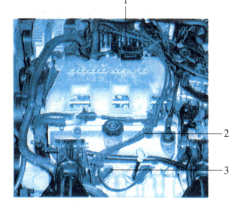

图 3-36　点火系统

5. 认知图 3-36 中的点火系统
1) ＿＿＿＿＿，2) ＿＿＿＿＿，3) ＿＿＿＿＿。

活动四　发动机的基本术语和主要结构参数

在组成发动机的两大机构、五大系统中，曲柄连杆机构无疑是最核心的机构。发动机的其他组成部分都是在配合曲柄连杆机构的工作，起着协助它正常运转的作用。因此用以描述发动机工作的基本术语是以曲柄连杆机构（主要是活塞）在工作时的相应位置来表达的，如图 3-37 所示。

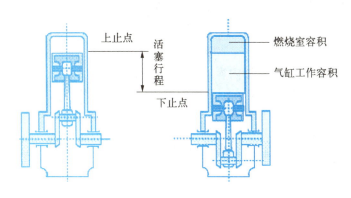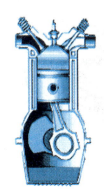

图 3-37　发动机常用术语

结构认知

一、发动机常用术语

（一）上止点

活塞顶部离曲轴中心的最远处，即活塞在气缸中的最高位置。

（二）下止点
活塞顶部离曲轴中心最近处，即活塞在气缸中的最低位置。

（三）活塞行程（S）
上、下止点间的距离。活塞由一个止点移动到另一个止点的运动过程，称为一个冲程。

（四）气缸工作容积（V_h）
活塞从上止点到下止点（一个行程）所扫过的气缸容积，也叫气缸排量。

（五）燃烧室容积（V_c）
活塞在上止点时，活塞顶部以上空间的容积（单位为 L）。

（六）气缸总容积（V_a）
活塞在下止点时，活塞顶部以上整个空间的容积（单位为 L）。它等于气缸工作容积与燃烧室容积之和，即 $V_a = V_c + V_h$。

二、发动机主要结构参数

（一）排量（V_l）
多缸发动机各气缸工作容积之和，$V_l = V_h i$（i 为气缸数目）。发动机排量是最重要的结构参数，它决定了发动机的动力性。轿车发动机的排量也反映了轿车的档次。

（二）短行程和长行程发动机
发动机排量一定时，缸径越大，活塞也越大，从而导致活塞上下运动的行程变短；反之，缸径越小，活塞也越小，从而导致活塞上下运动的行程加长。

（三）压缩比（ε）
气缸总容积与燃烧室容积的比值，反映了活塞由下止点移动到上止点时，气缸内气体被压缩的程度。压缩比愈大，则压缩终了时气缸内的压力和温度就愈高。对汽油机而言要求压缩比与汽油标量一致，如压缩比低于 7.5 时，可使用 90♯ 汽油；压缩比在 8～10 时应选用 93♯ 到 95♯ 汽油。否则，会出现工作不正常。柴油机的压缩比过高，会使工作粗暴；而过低则难起动或动力下降。

操作步骤

三、发动机工作循环的认知
发动机工作循环认知内容体现在工作页 5 中。

工作页 5

四冲程汽油发动机的工作过程	班级	日期
	姓名	成绩

实训目标
了解四冲程发动机的工作原理。

实训设备
1. 解剖发动机 3 台。
2. 一位教师带教 12 位学生，分成 3 组，严格按照下列步骤完成工作页。

(续 表)

实训步骤

甲、乙两同学配合操纵一台解剖发动机

甲	乙
逆时针转动飞轮	观察1,4缸活塞到上止点叫停
仔细观察1,4缸的气门开闭情况,其中进、排气门同开(排气上止点)的一缸作为观察缸	
继续转动飞轮	观察该缸曲轴、活塞和气门的运动,填写下表

发动机观察缸工作循环简表

曲轴转角	活塞运动	进气门	排气门	行程名称

项目四
曲柄连杆机构的结构与拆装

活动一　曲柄连杆机构的认知
活动二　机体组的结构与拆装
活动三　活塞连杆组的结构与拆装
活动四　曲轴飞轮组的结构、工作原理与拆装

项目四　曲柄连杆机构的结构与拆装

学习目标

知识目标

1. 掌握曲柄连杆机构的基本构造。
2. 掌握气缸体的作用、结构和分类。
3. 了解气缸套的类型和结构。
4. 掌握活塞连杆组的作用与基本组成。
5. 熟悉活塞的作用与基本结构。
6. 熟悉活塞环的作用与基本结构。
7. 熟悉活塞、连杆和活塞销的配合关系。
8. 熟悉连杆的作用与基本结构。
9. 掌握曲轴的作用与基本结构。
10. 熟悉曲轴轴承的作用与基本结构。
11. 了解飞轮的功用。

能力目标

1. 通过认知能了解曲柄连杆机构的各组成部分的结构。
2. 能拆卸、装配活塞连杆机构。

活动一　曲柄连杆机构的认知

一、曲柄连杆机构的作用

曲柄连杆机构工作特点是：曲轴的旋转运动与活塞在气缸套内的往复直线运动是可以互相转换的。利用了这个特点，燃油在气缸中燃烧使气体膨胀产生的推力作用在活塞上，活塞被推动下行时曲轴即随之转动。之后曲轴在飞轮惯性作用的驱动下继续转动，同时带动活塞在气缸中往复运动，直至活塞下一次做功。

二、曲柄连杆机构组成

曲柄连杆机构由机体组、活塞连杆组和曲轴飞轮组3部分组成，如图4-1所示。

活动二　机体组的结构与拆装

机体组由气缸体(气缸套)、气缸盖、气缸垫和油底壳等组成，如图4-2所示。

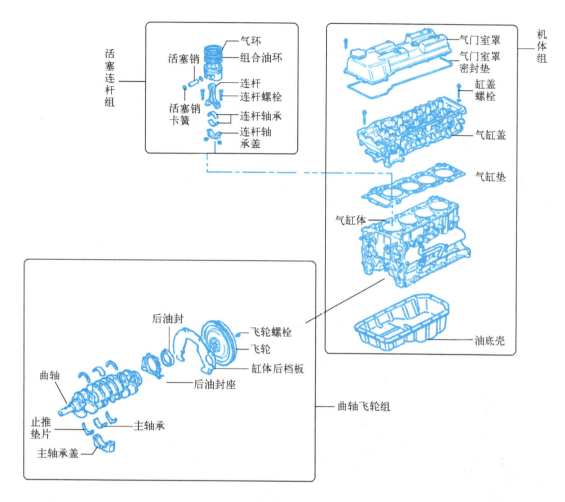

图 4-1 曲柄连杆机构的组成

一、气缸体

结构认知

（一）气缸体的作用

气缸体是发动机的基体和骨架，大多数发动机的机件都装在气缸体上。

（二）气缸体分类

气缸体按结构可分为两种：整体式和多片式。整体式气缸体又可分为一般式、龙门式和隧道式3种，如图4-3所示。

气缸体依气缸排列形式分为3类：直列式、V型和对置式，如图4-4所示。

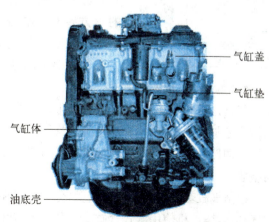

图 4-2 机体组构件的安装位置

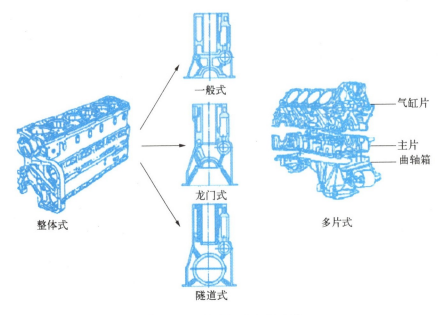

图 4-3 按照气缸体结构分类

图 4-4 气缸体排列形式

(三) 气缸体的结构

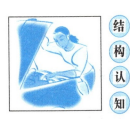

结构认知

大多数发动机的机件都装在气缸体上,各安装面如图 4-5 所示。缸体的上方装有气缸盖。曲轴装在缸体下部。缸体下方装有油底壳。缸体的前方是正时齿轮室和水泵、散热器。缸体的后方是变矩器或离合器。在气缸体两侧还分别装有分电盘、起动机、发电机、机油滤清器、燃油滤清器、量液尺等。

气缸是直接加工在缸体上的圆孔。有的气缸则是加工成圆筒形镶入气缸孔内的气缸套。缸体内还加工有引导润滑油的油道及冷却液流通的冷却水套,如图 4-6 所示。油道是在机体上钻出的圆孔。某些油道端口用螺塞闷堵。冷却水套是机件加工时铸造而成,因此是不规则的空腔。

根据气缸套是否与冷却水接触,分为干式和湿式两种,如图 4-6 所示。通常,汽油机使用干式气缸套,柴油机使用湿式气缸套。其基本特性见表 4-1。

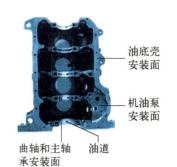
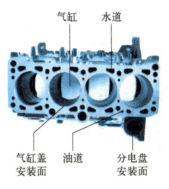
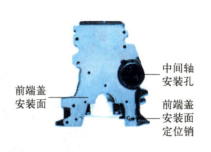

图 4-5　气缸体安装面、水道和油道

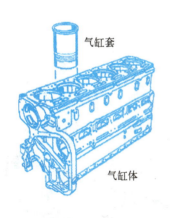
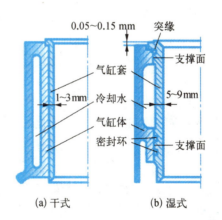

图 4-6　气缸套

表 4-1　气缸套的基本特性

特　性		壁　厚	与气缸的配合关系	定　位	装配要求
干式气缸套	不与冷却水接触	1~3 mm	过盈配合	过盈配合	检查圆度和圆柱度误差
湿式气缸套	与冷却水接触，其外装有耐油、耐热橡胶密封圈	5~9 mm	间隙配合	上部凸缘的支承平面	高出气缸体 0.05~0.15 mm

二、气缸盖

（一）气缸盖的作用

气缸盖封闭气缸的上部，并与活塞顶、气缸壁共同构成燃烧室。

（二）气缸盖的结构

气缸盖上安装有进、排气门，凸轮轴或摇臂轴，火花塞（汽油机），喷油器（柴油机）及进、排气歧管，如图4-7所示。

气缸盖内加工有与气缸体相通的冷却水套和润滑油油道。

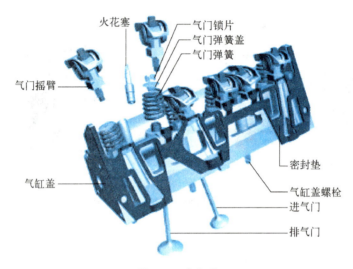

图4-7 气缸盖

三、气缸垫

（一）气缸垫的作用

气缸垫装在缸体和缸盖的结合面之间。作用是密封气缸，防止漏气、漏水和漏机油。

（二）气缸垫的结构

气缸垫要定向安装。石棉外包铜皮的气缸垫，装在缸体、缸盖用同一种材料制成的发动机上时，翻边一面朝向缸体；缸体、缸盖用不同材料时，翻边一面朝向气缸盖，如图4-8所示。

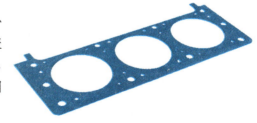

图4-8 气缸垫

四、油底壳

（一）油底壳的作用

油底壳的作用是贮存机油并封闭曲轴箱。

（二）油底壳的结构

油底壳一般为薄钢板冲压而成，其结构如图4-9所示。有的发动机为达到良好的散热效果，采用带有散热片的铝合金铸造而成的油底壳。

为保证发动机纵向倾斜时机油泵仍能吸到机油，油底壳中部或后部做得较深。有时在油底壳中还设有挡油板,以减轻油面波动。其底部装有磁性的放油螺栓,以吸附润滑油中的铁屑,减少发动机的磨损。

注意 放油螺塞下的密封垫为一次性件,拆过后要予以更换新件。

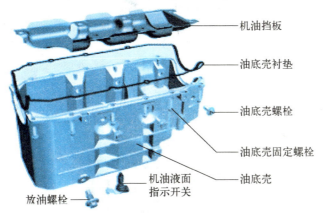

图 4-9 油底壳

(标注：机油挡板、油底壳衬垫、油底壳螺栓、油底壳固定螺栓、油底壳、机油液面指示开关、放油螺栓)

注意 在发动机中为防泄漏,在各机件安装面间衔装有各类密封垫片。在拆下后一般应悬挂保存,以防变形。装复前要仔细检查有无裂缝、折印。

操作步骤

五、机体组的结构认知与拆装

机体组的结构认知与拆装内容体现在工作页6中。

工 作 页 6

机体组的认知与拆装	班级	日期
	姓名	成绩

实训目标
1. 了解机体组的结构。
2. 能熟练拆装气缸盖。

实训设备
1. 桑塔纳发动机3台。
2. 一位教师带教12位学生,分成3组,严格按照下列步骤完成工作页。

实训步骤
  1. 认知机体组

结合图4-10,在发动机上指认气缸体、气缸盖、气缸垫、油底壳。
    (1) _____,
    (2) _____,
    (3) _____,
    (4) _____。

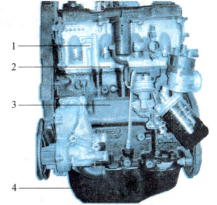

图 4-10 机体组

（续　表）

2. 认知气缸

认知图 4-11 中的气缸各部位的名称。

(1) ＿＿＿＿＿＿，
(2) ＿＿＿＿＿＿，
(3) ＿＿＿＿＿＿，
(4) ＿＿＿＿＿＿，
(5) ＿＿＿＿＿＿，
(6) ＿＿＿＿＿＿，
(7) ＿＿＿＿＿＿，
(8) ＿＿＿＿＿＿，
(9) ＿＿＿＿＿＿，
(10) ＿＿＿＿＿＿，
(11) ＿＿＿＿＿＿，
(12) ＿＿＿＿＿＿，
(13) ＿＿＿＿＿＿，
(14) ＿＿＿＿＿＿，
(15) ＿＿＿＿＿＿，
(16) ＿＿＿＿＿＿。

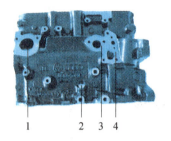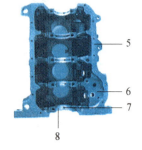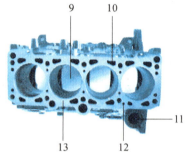

图 4-11　气缸各部位

3. 安装认知

用红线指出图 4-12 中各零件在图 4-11 的安装位置。

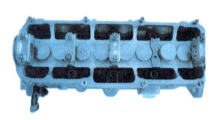

图 4-12　气缸上安装的零件

（续　表）

图 4-12　气缸上安装的零件(续)

4. 认知气缸套

气缸套分＿＿＿＿和＿＿＿＿两种。

指出图 4-13 中汽油机使用＿＿＿＿缸套。

5. 认知气缸盖

认知图 4-14 中气缸盖各部位的名称。

(1) ＿＿＿＿＿＿＿，
(2) ＿＿＿＿＿＿＿，
(3) ＿＿＿＿＿＿＿，
(4) ＿＿＿＿＿＿＿，
(5) ＿＿＿＿＿＿＿，
(6) ＿＿＿＿＿＿＿，
(7) ＿＿＿＿＿＿＿。

图 4-13　汽油机的缸套

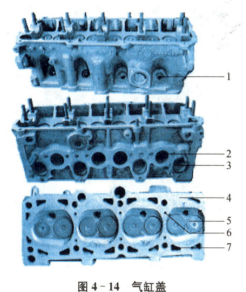

图 4-14　气缸盖　　　　　图 4-15　气缸垫

6. 认知气缸垫

(1) 气缸垫的功用是＿＿＿＿＿＿＿＿＿＿＿＿＿＿＿＿＿＿＿＿＿＿＿＿＿＿＿＿＿＿＿＿＿。

(2) 认知图 4-15 中的气缸垫，观察气缸垫上的朝上标记。如无朝上标记,气缸垫怎样安装?

（续　表）

7. 气缸盖（桑塔纳为例）拆装
(1) 气缸盖的分解。
1) 在凸轮轴轴承盖上作好顺序号,拆下凸轮轴轴承盖。拆下凸轮轴正时齿轮。
2) 按顺序拆下各液力挺柱,并作好顺序记号,按照顺序摆放。
3) 按顺序拧松气缸盖螺栓（从两端向中间分次、交叉拧松）。取下气缸盖和气缸垫。
(2) 气缸盖的安装。
1) 转动曲轴,使各活塞均不在上止点位置,安装气缸盖和气缸垫,由中间向两端分四次拧紧螺栓,如图4-16所示。第一次拧紧力矩为40 N·m;第二次拧紧力矩为60 N·m;第三次拧紧力矩为75 N·m;第四次再转90°。
2) 按顺序安装各液力挺柱。
3) 安装凸轮轴轴承盖,注意安装方向。

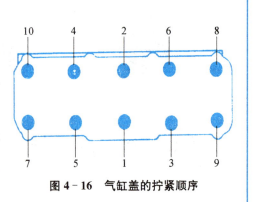

图4-16　气缸盖的拧紧顺序

活动三　活塞连杆组的结构与拆装

一、活塞连杆组的结构与工作原理

活塞连杆组主要由活塞、活塞环、活塞销和连杆等机件组成,如图4-17所示。

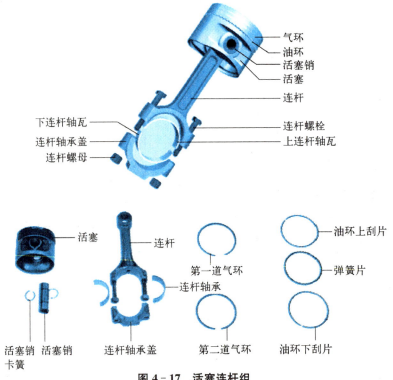

图4-17　活塞连杆组

二、活塞

(一) 活塞的作用

活塞承受气缸中的燃烧压力,并将此压力通过活塞销和连杆传给曲轴。此外,活塞还与气缸盖、气缸壁共同组成燃烧室。

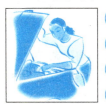

(二) 活塞的结构

活塞可分为活塞顶部、活塞头部和活塞裙部3部分,如图4-18所示。

1. 活塞顶部

活塞顶部是燃烧室的组成部分,常制成不同的形状,如图4-19所示。汽油机活塞顶部多采用平顶或凹顶。柴油机活塞顶部常制成各种凹坑形。这些凹坑与进气歧管及喷油嘴共同使空气产生急速涡流并与雾状柴油充分混合。

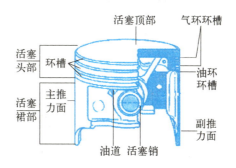

图4-18 活塞的结构

平顶　　凹坑

图4-19 活塞顶部的形状

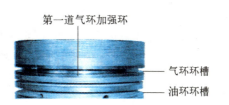

图4-20 活塞头部

2. 活塞头部

活塞顶部至最下面一道活塞环槽之间的部分称为活塞头部,如图4-20所示,其作用是安装活塞环。上面的2~3道槽用来安装气环,最下面的一道用来安装油环。油环槽的底部钻有若干小孔,使油环从气缸壁上刮下的多余润滑油经此流回油底壳。

3. 活塞裙部

活塞环槽以下的所有部分称为活塞裙部,其作用是引导活塞在气缸中作往复运动,并承受侧压力。

为使发动机工作时,活塞受热后要与气缸壁间保持均匀的间隙,通常采取两种措施:① 活塞裙部制成锥形,如图4-21所示;② 在活塞上开绝热槽及膨胀槽。

高速发动机的活塞,将活塞销座孔向主推力面偏移1~2 mm,可减轻活塞越过上止点时产生

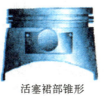

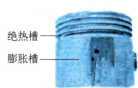

活塞裙部锥形　　裙部开绝热槽和膨胀槽

图4-21 活塞裙部结构

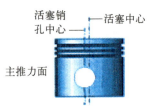

图 4-22 活塞销座孔偏置

的"敲缸"现象,如图 4-22 所示。如果反装会出现明显的振动和噪声。为了防止错装,活塞顶上一般都打有箭头等安装记号。箭头指向发动机的前端。

三、活塞环

(一) 活塞环的分类

活塞环是中间断开的弹性金属环,可分为气环和油环两种。

活塞环在高温、高压、高速及润滑条件极差的条件下工作,是发动机所有零件中最易磨损的。

(二) 活塞环作用、结构及工作原理

1. 气环

气环用以密封气缸中的高温、高压燃气,防止它漏入曲轴箱,同时,还将活塞头部 70%~80% 的热量传导给气缸壁。

(1) 气环的密封原理

气环在自由状态下,外径略大于气缸直径,如图 4-23 所示。装入气缸后因压缩产生弹力。在弹力的作用下紧贴在气缸壁上。当发动机工作时,高压气体的压力更加强了活塞环的密封作用。

(2) 气环的结构

1) 气环的端隙。活塞装入气缸后,活塞环开口处两端的距离称为活塞环的端隙,如图 4-23 所示。若端隙过大,则漏气量大,使发动机的功率减小;端隙过小,会使活塞环高温时因受热膨胀而在气缸中卡滞,拉伤气缸并造成断裂。端隙一般为 0.20~0.90 mm。为了防止气体从端隙处漏出,活塞环的开口相互错开 90°~120°,以对气缸中的高压燃气进行有效的密封。

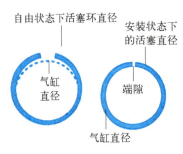

图 4-23 气环的密封原理

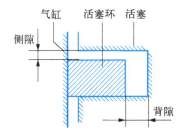

图 4-24 活塞环的侧隙和背隙

2) 气环的侧隙。为了保证活塞在气缸内运行时,活塞环能适应缸套的不同磨损部位始终紧贴缸壁,活塞环与环槽间存在轴向的间隙,该间隙叫侧隙,如图 4-24 所示。侧隙过大,会造成响声引起漏气。侧隙过小,活塞环受热卡死在环槽中,会拉伤气缸并漏气。

3) 气环的背隙。气环背隙是指活塞环装入气缸后,活塞环背面与环槽底部的间隙,如图 4-24 所示。当发动机工作时一部分压缩气体串入活塞环槽内,作用在活塞环背面,增大了活塞环对气缸壁的压力(称为活塞环背压力)。

知识链接

间隙：机器中有许多相对运动的配合零件。比如，汽车发动机中的活塞和气缸套就是一组相对运动件。活塞在气缸套内作往复直线运动。为了保证它能灵活运动而不卡死，它和气缸套之间必须存在缝隙，通常称之为间隙。间隙过大，运动时零件会松动，产生不应有的撞击，使机器出现晃动、噪声而引起早期损坏；而间隙过小，工作时，尤其当工作温度升高时，某些零件受热膨胀容易出现卡滞，造成机器无法正常运转。因此在机器的运动件的制造、维修及报废过程中，间隙的测量都是判别运动件工作的重要依据。间隙的测量一般使用塞尺（厚薄规）来完成。

结构认知

4）气环的断面形状。气环的断面决定了气环与缸套接触面积的大小。接触面积越小，越利于密封并能减少气环运动消耗的功，增大发动机的输出功率。

气环常见的断面形状有以下几种，如图4-25所示。

① 矩形环：结构简单、散热性好，但有泵油作用，即将气缸壁上的机油压入活塞顶燃烧。

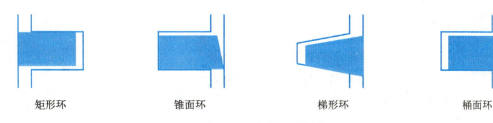

矩形环　　　锥面环　　　梯形环　　　桶面环

图4-25　气环断面形状

② 桶面环：接触面积小，有利于密封，但凸圆弧表面的加工较困难。

③ 梯形环：主要优点是能使沉积在环槽中的结焦挤出，同时其密封作用强，使用寿命长，但上、下两面的精磨工艺较复杂。

④ 锥面环：与缸壁为线接触，有利于密封和磨合，但其传热性差，不宜用于第一道气环。

⑤ 扭曲环：除具有锥面环的优点外，还能减小泵油作用、减轻磨损、提高散热能力，目前在发动机上得到广泛的应用。扭曲环分内倒角在上的正扭曲环和外倒角在下的反扭曲环，如图4-26所示，目前大部分扭曲环同时使用这两种结构。

2. 油环

（1）作用

活塞上行时，油环使润滑油均匀分布到气缸壁上；活塞下行时，油环刮去多余的润滑油，经活塞上的回油孔流回油底壳，如图4-27所示。此外，油环还起到辅助密封的作用。

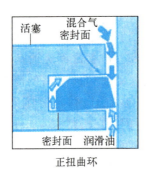 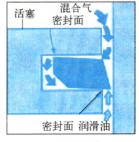

正扭曲环　　　　　　　　　反扭曲环

图 4-26　扭曲环的工作原理

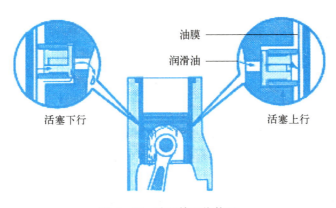

图 4-27　油环的工作状况

目前汽车发动机的油环有普通油环和组合油环两种,如图 4-28 所示。

（2）结构

普通油环的断面与矩形气环相似。为提高对缸壁的压力,增强刮油效果,在其外圆上切有环形槽,槽底开有若干个回油孔或狭缝,如图 4-28 所示。

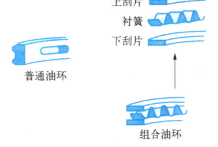

组合油环由上、下刮片和产生径向、轴向弹力作用的衬簧组成,如图 4-28 所示。它的主要优点是刮油能力强,对缸套变形的适应性好,回油通路大。

图 4-28　油环的结构

四、活塞销

（一）活塞销的作用

活塞销连接活塞和连杆小头,将活塞所承受的气体压力传给连杆。

（二）活塞销的结构

根据活塞销与活塞销座孔和连杆小头衬套孔的配合的情况,活塞销分为全浮式和半浮式两种,如图 4-29 所示。

全浮式活塞销在发动机运转过程中,活塞销在连杆小头衬套孔和活塞

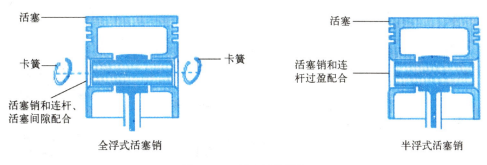

图 4-29 活塞销的结构

销座孔内作自由转动,增大了实际活动接触面,减少磨损且使磨损较均匀。

为防止活塞销的轴向窜动而损坏气缸壁,在活塞销座两端用弹卡环来限位。

五、连杆
(一) 连杆作用
连杆将活塞承受的力传给曲轴,推动曲轴转动,将活塞的往复运动转变为曲轴的旋转运动。

结构认知

(二) 连杆的结构
连杆可分为连杆小头、杆身和连杆大头 3 部分,如图 4-30 所示。

1. 连杆小头
连杆小头用来安装活塞销,连接活塞。全浮式连杆小头孔内压有减磨衬套。它是润滑衬套,在连杆小头和衬套上钻有积存飞溅润滑油的油槽或油孔,如图 4-31 所示。

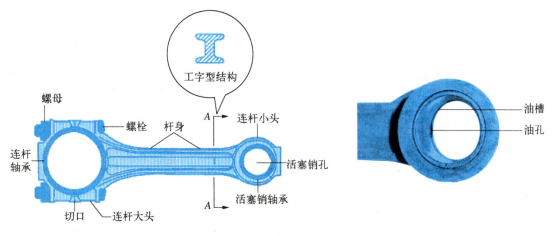

图 4-30 连杆的结构　　图 4-31 油孔及油槽

2. 杆身
连杆杆身多采用"工"字形断面,以提高其抗弯刚度。在杆身内有纵向的压力油通道,以对活塞销进行压力润滑。

3. 连杆大头
连杆大头与曲轴的连杆轴颈相连。为便于安装,通常将连杆大头做成剖分式,上半部与杆身为一体,下半部即连杆盖,两者通过连杆螺栓装合,其中还有油道通向活塞销,如图 4-32 所示。

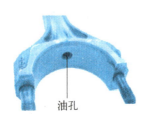
油孔

直切口

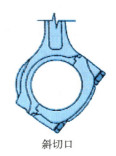
斜切口

图 4-32 连杆大头

连杆大头的切口形式有两种,如图 4-32 所示。连杆大头沿着与杆身轴线垂直的方向切开,称为直切口连杆,多用于汽油机。有些柴油发动机的连杆大头尺寸较大,为了维修拆装时仍能将其从气缸中抽出,将连杆大头沿与连杆杆身轴线成 30°～60°(常用 45°)的方向切开,即为斜切口连杆。

六、连杆轴承

(一) 连杆轴承的作用

连杆轴承装在连杆大头孔内,用以保护连杆轴颈及连杆大头孔。

结构认知

(二) 连杆轴承的结构

现代汽车发动机用的连杆轴承是由钢背、减磨层和镀在表面的耐磨合金组成,如图 4-33 所示。

在自由状态下,轴承的曲率半径和周长都略大于连杆大头孔的曲率半径和周长,装入后,使其紧贴在大头的孔壁上。在两个轴承的剖分面上,均制有定位凸键,以防止连杆轴承在工作中发生转动或轴向移动;在其内表面还加工有油槽用以贮油,保证可靠的润滑,如图 4-33 所示。

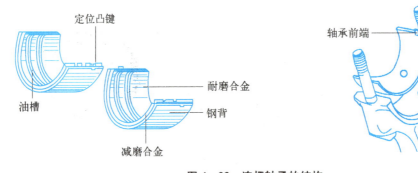

图 4-33 连杆轴承的结构

操作步骤

七、活塞连杆组的结构认知与拆装

活塞连杆组的结构认知与拆装的内容体现在工作页 7 中。

工 作 页 7

活塞连杆组的结构认知和拆装	班级	日期
	姓名	成绩

实训目标
1. 了解活塞连杆组的结构。
2. 能熟练拆装活塞连杆组。

实训主要设备
1. 桑塔纳发动机 3 台。
2. 一位教师带教 12 位学生,分成 3 组,严格按照下列步骤完成工作页。

实训步骤

1. 活塞连杆组的结构认知

(1) 结合实物,指认图 4-34 中活塞连杆组的零件名称。
1) _____ , 2) _____ ,
3) _____ , 4) _____ ,
5) _____ , 6) _____ ,
7) _____ 。

(2) 用彩笔在图上标出易损件。

(3) 活塞的功用 _____
_____。

(4) 结合实物,指认图 4-35 中活塞各部分的名称。
1) _____ , 2) _____ ,
3) _____ , 4) _____ ,
5) _____ , 6) _____ ,
7) _____ 。

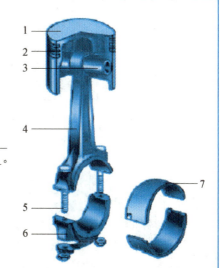

图 4-34 活塞连杆组

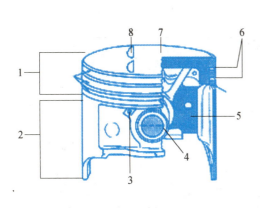

图 4-35 活塞各部分的名称

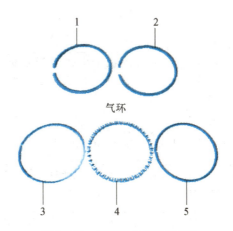

图 4-36 活塞环各部分的名称

(5) 现代汽车发动机的活塞为什么要有气门避让孔?
_____。

(6) 活塞环的作用是什么?
_____。

(7) 结合实物,指认图 4-36 中活塞环各部分的名称。

1) _____ ,2) _____ ,
3) _____ ,4) _____ ,
5) _____ 。
(8) 怎样来区分第一道和第二道气环？ _____
_____。
(9) 气环常见的断面形状有哪几种？按图 4-37 中标注：
1) _____ ,2) _____ ,
3) _____ ,4) _____ 。
(10) 结合图 4-38 观察其与活塞、连杆的连接关系，并在图 4-38 中予以标注。

注意 随着汽车新材料的使用，铝合金制活塞的膨胀率可以得到精确控制，通常在常温下，活塞销和活塞以间隙配合安装。

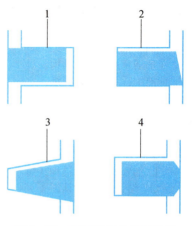

图 4-37 气环常见的断面形状

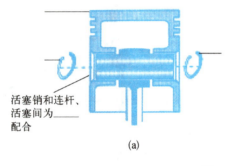
(a)

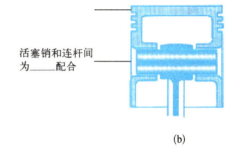
(b)

图 4-38 活塞销

(11) 连杆的功用是 _____。
(12) 结合实物，指认图 4-39 中连杆各部分的名称。
1) _____ ,2) _____ ,
3) _____ ,4) _____ ,
5) _____ ,6) _____ ,
7) _____ 。
(13) 有些连杆为什么制成斜切口？
_____
_____。
(14) 连杆螺栓失效，可否用普通螺栓替代？怎样拧紧连杆螺栓？
_____
_____。
(15) 结合实物，指认图 4-40 中连杆轴承各部分的名称。
1) _____ ,2) _____ ,
3) _____ ,4) _____ 。
2. 活塞连杆组的拆装
(1) 活塞连杆组的拆卸。
1) 将活塞连杆组垫上铜皮夹在台虎钳上，如图 4-41 所示。

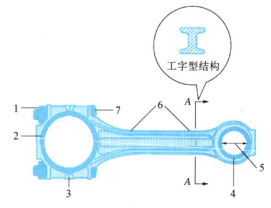

图 4-39 连杆各部分的名称

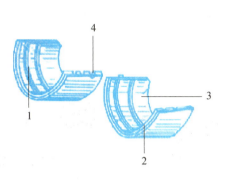

图 4-40 连杆轴承各部分的名称

图 4-41 活塞连杆组垫上铜皮夹在台虎钳上

注意　如果不用铜皮垫片,会损坏连杆和连杆轴承盖。

2）用活塞环拆装工具从活塞上拆下第一道和第二道气环,如图 4-42 所示。

注意　使用活塞环拆装工具时,注意用力适度,否则会折断活塞环。

3）在拆卸油环时,先用手将上、下刮片从环槽上旋出,注意不要损伤活塞,然后用手将油环扩张片取出,如图 4-43 所示。

图 4-42 拆卸气环

图 4-43 拆卸油环

4）使用尖头钳或卡簧钳拆下活塞销的卡簧,使用铜棒将活塞销推出,如图 4-44 所示。

图 4-44 拆卸活塞销

（续　表）

5）拆卸连杆轴承和轴承盖。

为了能正确地安装活塞连杆组，在拆卸时必须检查安装记号。如果记号不清或没有记号的要打出安装记号。桑塔纳发动机是有记号的。

（2）活塞连杆组的安装。

1）安装活塞销。

在安装之前，先安装一个活塞销卡簧（注意要入槽），使用铜棒将活塞销推入，再安装另一个活塞销卡簧，如图4-45所示。

　如果活塞销卡簧没有入槽，活塞销窜出，将对气缸造成严重的伤害。

2）安装活塞环。

安装活塞之前，要确定活塞环与活塞、气缸规格一致，防止将加大环装上标准活塞。

活塞环端口打有记号的一面要朝上安装，如图4-46所示。

图4-45　安装活塞销

　如果活塞环反向安装，活塞环将产生泵油现象。第一道环和第二道环换装将造成活塞环早期磨损。

(a)

(b)

图4-46　安装气环(a)与油环(b)

3）安装油环。

　不能用活塞环扩张器安装组合式油环，否则会损坏油环。在安装油环时，先用手将油环扩张片装上，然后用手将上、下刮片从环槽上小心旋入，不要损伤活塞。活塞环在安装时各环开口要互相错开120°。

4）安装气环。

安装后，润滑油环与气环。

　此次润滑防止发动机在第一次起动时气缸壁与活塞环之间产生有很大的磨损。

5) 安装连杆轴承。

用手指的力量将连杆轴承压入连杆轴承孔,注意轴承的突肩对准连杆孔上的凹槽。安装轴承盖时,要注意与连杆上的安装方向对准。将连杆螺栓拧到规定力矩,如图4-47所示。

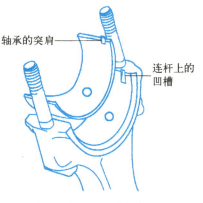

注意 上下轴承错换会堵住连杆油孔,引起烧瓦。若轴承突肩未装入连杆凹槽会使连杆轴承在轴承层内窜动。

图4-47 安装连杆轴承

活动四 曲轴飞轮组的结构、工作原理与拆装

曲轴飞轮组主要由曲轴、主轴承、飞轮、正时齿轮、带轮和曲轴扭转减振器等组成,如图4-48所示。

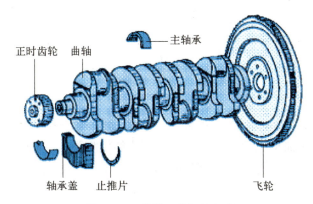

图4-48 曲轴飞轮组的组成

一、曲轴
(一)曲轴的作用

曲轴的主要作用是将活塞连杆组的动力变为转矩,然后通过飞轮传到汽车的传动系统;曲轴驱动发动机的配气机构和其他辅助装置。

(二)曲轴的结构

曲轴一般由主轴颈、曲轴前端、连杆轴颈、曲柄、平衡重、曲轴后端等组成,如图4-49所示。

1. 曲拐

一个连杆轴颈和它两端的曲柄及相邻两个主轴颈构成一个曲拐。曲

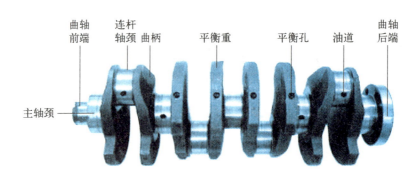

图 4-49 曲轴的结构

拐的数目取决于发动机的气缸数目及其排列方式。直列发动机的曲拐数等于气缸数,而 V 形和对置式发动机的曲拐数为气缸数的一半,如图 4-50 所示。

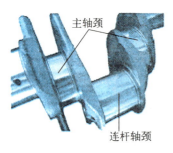

(a) 直列发动机的曲轴排列

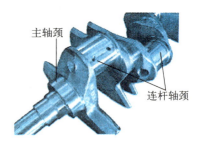

(b) V型和对列式发动机曲轴排列

图 4-50 发动机的曲拐排列

2. 曲轴支承

曲轴可按其主轴颈的数目分为全支承曲轴及非全支承曲轴。在相邻两曲拐间都设置一个主轴颈的曲轴,称为全支承曲轴,如图 4-50 所示;否则称为非全支承曲轴。全支承曲轴刚度较好且主轴颈的负荷相对较小,多用于柴油机和负荷较大的汽油机;非全支承曲轴结构简单,多用于中小负荷的汽油机。

3. 平衡重

平衡重在曲拐的对面,用于补偿活塞和连杆的质量,来平衡曲轴的离心力及其力矩。

在主轴颈、曲柄销和轴承上都钻有径向油孔,如图 4-51 所示,通过斜向油道相连以使润滑油进入主轴颈和曲柄销的工作表面。

4. 曲轴前、后端

曲轴前端是第一道主轴颈之前的部分,装有驱动其他装置的曲轴正时齿轮、带轮,及起动爪、止推垫片、扭转减振器等,如图 4-52 所示。

曲轴后端是最后一道主轴颈之后的部分,一般在其后端为安装飞轮的凸缘盘,如图 4-52 所示。

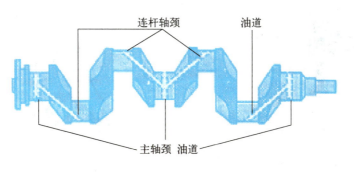

图 4-51 油道

图 4-52 曲轴前、后端结构

二、曲轴的轴承

（一）分类

曲轴轴承按其承载方向可分为径向轴承和轴向（推力）轴承。

（二）径向轴承

径向轴承用于支承曲轴。轴承底座一半加工在曲轴箱上，另一半用螺栓固定，如图 4-53 所示。

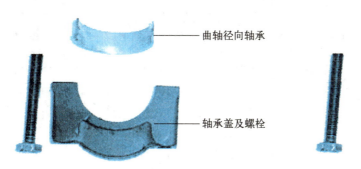

图 4-53 径向轴承

（三）推力轴承

推力轴承用来限制曲轴的轴向窜动，保证曲柄连杆机构各零件正确的相对位置，并在曲轴受热膨胀时，防止因伸长而卡死，其结构如图 4-54 所示。

曲轴轴承还可将径向轴承与推力轴承合二为一，制成翻边轴承，如图 4-54 所示。

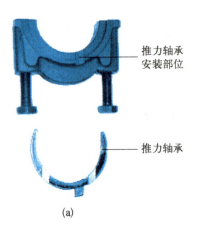
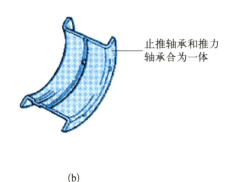

(a)   (b)

图 4-54 曲轴的推力轴承(止推片)(a)和翻边轴承(b)

知识链接 在安排各缸的工作顺序时,各缸的做功间隔应均衡,即发动机每完成一个工作循环,各缸都应着火做功一次,对于缸数为 i 的四行程发动机而言,其发火间隔角为 $720°/i$。

表 4-2 直列四缸发动机工作循环(发火顺序:1—2—4—3)

曲轴转角/(°)	第一缸	第二缸	第三缸	第四缸
0～180	做功	压缩	排气	进气
180～360	排气	做功	进气	压缩
360～540	进气	排气	压缩	做功
540～720	压缩	进气	做功	排气

表 4-3 直列六缸发动机工作循环(发火顺序:1—5—3—6—2—4)

曲轴转角/(°)	第一缸	第二缸	第三缸	第四缸	第五缸	第六缸
0～60	做功	排气	进气	做功	压缩	进气
60～120	做功	排气	压缩	排气	压缩	进气
120～180	做功	进气	压缩	排气	做功	进气
180～240	排气	进气	压缩	排气	做功	压缩
240～300	排气	进气	做功	进气	做功	压缩
300～360	排气	压缩	做功	进气	排气	压缩
360～420	进气	压缩	做功	进气	排气	做功
420～480	进气	压缩	排气	压缩	排气	做功
480～540	进气	做功	排气	压缩	进气	做功
540～600	压缩	做功	排气	压缩	进气	排气
600～660	压缩	做功	进气	做功	进气	排气
660～720	压缩	排气	进气	做功	压缩	排气

1. 直列四缸四冲程发动机

发火间隔角为720°/4＝180°，采用全支承曲轴时其4个曲拐布置在同一平面内，具有良好的平衡性。发火顺序有两种方式：1—2—4—3 或 1—3—4—2。以第一种发火顺序为例，其工作循环见表4-2，曲拐布置如图4-55(a)所示。

直列四缸发动机曲拐布置图
(a)

直列六缸发动机曲拐布置图
(b)

图4-55 四、六缸发动机曲拐布置图

2. 直列六缸四冲程发动机

发火间隔角为720°/6＝120°，曲拐均匀布置在互成120°的3个平面内。直列六缸四冲程发动机常用的发火顺序为1—5—3—6—2—4，其工作循环见表4-3。曲拐布置如图4-55(b)所示。

三、飞轮

(一) 飞轮的作用

飞轮可贮存做功行程的一部分能量，以克服各辅助行程的阻力，使曲轴均匀旋转。飞轮又常作为汽车传动系中离合器或耦合器的主动件。

(二) 飞轮的结构

发动机飞轮的构造如图4-56所示。飞轮的外缘上镶有齿圈。起动时，起动机上的齿轮工作时与它啮合。飞轮上通常刻有第一缸点火正时记号，以供调整和检验点火（喷油）正时和气门间隙。

飞轮应与曲轴装配后一起进行静态和动态平衡校验，并通过在曲轴的平衡重和飞轮圆周上钻孔达到质量平衡。

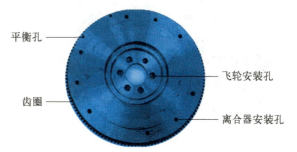

图4-56 飞轮

四、曲轴扭转减振器

(一) 作用

当曲轴在较匀速运转时，连杆作用于曲轴上的力是呈周期性变化的，造成曲轴的扭转振动。为了防止曲轴的振动，大多数发动机曲轴前端都装有曲轴扭转减振器。

汽车发动机常用的曲轴扭转减振器为橡胶式扭转减振器。

(二)橡胶式扭转减振器的构造和工作原理

在橡胶式扭转减振器中,减振器圆盘用螺栓与带盘及带轮毂紧固在一起,减振器圆盘和惯性盘同橡胶垫黏接在一起,如图 4-57 所示。

当曲轴发生扭转振动时,保持等速转动的惯性盘使橡胶层发生内摩擦,从而消耗扭转振动的能量,减小振幅达到减振的效果。

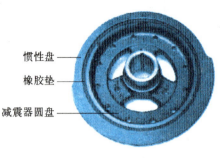

图 4-57 扭转减振器

五、曲轴飞轮组的认知与拆装

曲轴飞轮组的认知与拆装的内容体现在工作页 8 中。

工作页 8

曲轴的结构认知与拆装	班级	日期
	姓名	成绩

实训目标
1. 了解曲轴飞轮组的结构。
2. 能熟练拆装曲轴飞轮组。

实训要求
1. 桑塔纳发动机 3 台。
2. 一位教师带教 12 位学生,分成 3 组,严格按照下列步骤完成工作页。

实训步骤
1. 曲轴的结构认知
(1) 结合实物,指认图 4-58 中曲轴飞轮的零件名称。
1)_____,2)_____,3)_____,4)_____,
5)_____,6)_____,7)_____。

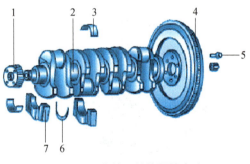

图 4-58 曲轴飞轮的零件名称

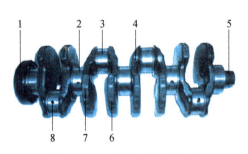

图 4-59 曲轴各部分的名称

(2) 用彩笔在图上标出易损件。
(3) 曲轴的功用_____
_____。
(4) 结合实物,指认图 4-59 中曲轴各部分的名称。
1)_____,2)_____,3)_____,4)_____,
5)_____,6)_____,7)_____,8)_____。

（续 表）

(5) 用彩笔在图 4-60 上标出曲轴中各油道。
(6) 平衡重的作用_____
_____。
(7) 指出图 4-61 中曲轴前端和后端的结构。
1) _____,2) _____,
3) _____,4) _____,
5) _____。
(8) 结合实物，指认图 4-62 中飞轮各部分的名称。
1) _____,2) _____,
3) _____,4) _____。

图 4-60　曲轴中各油道

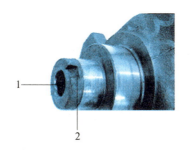 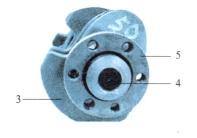

图 4-61　曲轴前端和后端的结构

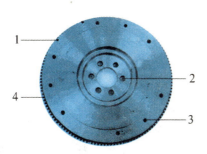 

图 4-62　飞轮各部分的名称　　　　图 4-63　拆卸飞轮

2. 曲轴的拆装（将桑塔纳发动机倒置）
(1) 曲轴飞轮组的拆卸。
1) 按照交叉顺序拆卸飞轮螺栓，取下飞轮，如图 4-63 所示。
2) 由外向内拆卸主轴承盖，按顺序作好安装记号，抬下曲轴，如图 4-64 所示。按原位安装主轴承盖及螺栓。
(2) 曲轴飞轮组的安装。
1) 安装曲轴。
① 在每一道曲轴主轴承上涂上机油。
② 在曲轴主轴颈上涂上机油。
③ 将曲轴安装在缸体上。在第 3 道主轴颈两侧安装止推垫片，其凹槽面必须朝向曲轴。

图 4-64　拆卸主轴承和曲轴

（续　表）

注意

轴承盖按 1～5 序号安装，不得错装。有油槽的 1,2,3,5 道曲轴瓦装在缸体上，无油槽的轴瓦装在瓦盖上。第 4 道两片轴瓦均有油槽。从中间轴承盖向两边紧固主轴瓦螺栓。用 65 N·m 力矩紧固所有螺栓，如图 4-65 所示。

图 4-65　安装主轴承

④ 用百分表测量曲轴的轴向间隙，轴向间隙应在 0.03～0.08 mm 之间，最大值为 0.17 mm。

2）安装飞轮。

分次对角拧紧飞轮螺栓，力矩为 80 N·m。

项目五
配气机构的结构与拆装

活动一　配气机构的认知

活动二　气门组的结构与工作原理

活动三　气门传动组的结构与拆装

活动四　配气相位

项目五 配气机构的结构与拆装

学习目标

知识目标
1. 知道顶置式配气机构的结构和工作原理。
2. 知道气门组的组成、气门组各零件的结构和工作原理。
3. 掌握气门传动组的组成、气门传动组各零件的结构和工作原理。

能力目标
1. 会熟练拆、装配气机构的气门组和气门传动组。

活动一 配气机构的认知

一、配气机构的作用

配气机构的作用是按照发动机的工作循环和做功顺序,定时开启和关闭进、排气门,使可燃混合气和空气(柴油机)进入气缸,并将废气排出气缸。

结构认知

二、配气机构的组成

配气机构由气门组与气门传动组组成。气门组由气门、气门弹簧、气门锁片、气门导管和气门弹簧座等组成。气门传动组由曲轴正时齿轮、凸轮轴正时齿轮、正时皮带、凸轮轴和液力挺杆等组成,如图5-1所示。

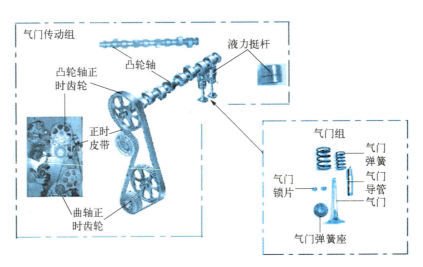

图 5-1 配气机构的结构

三、配气机构的类型

(一) 按气门布置形式分类

按气门布置形式,配气机构可分为双气门和多气门两种,如图 5-2 所示。现代高速发动机为了提高进气量,已经由多气门发动机逐步代替双气门发动机。

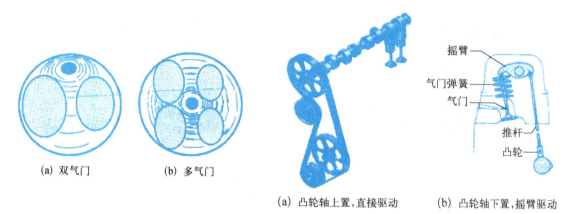

图 5-2 双气门与多气门

图 5-3 凸轮轴布置与驱动形式

(二) 按凸轮轴布置位置分类

按凸轮轴布置位置,配气机构可分为凸轮轴上置式和凸轮轴下置式两种,如图 5-3 所示。现代汽车的凸轮轴大多安装在气缸盖上,即凸轮轴上置,它逐步代替了凸轮轴安装在气缸体内的凸轮轴下置的配气机构。

(三) 按气门驱动形式分类

按气门驱动形式,配气机构可分为直接驱动式与摇臂驱动式两种,如图 5-3 所示。

(四) 按凸轮轴传动方式分类

凸轮轴传动方式有齿形带传动式、链传动式(如图 5-4 所示)和齿轮传动式 3 种。现代汽车已经淘汰了齿轮传动式。

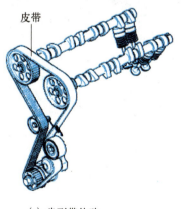

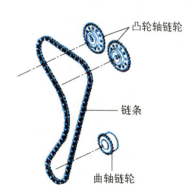

(a) 齿形带传动

(b) 链传动

图 5-4 齿形带传动式、链传动式

(五) 按凸轮轴的数量分类

按凸轮轴的数量分类,可分为单凸轮轴和双凸轮轴两种,如图 5-5 所示。现代汽车大多采用多气门,所以使用双凸轮轴,一根驱动进气门,另一根驱动排气门。而单凸轮轴既驱动进气门,又驱动排气门。

(a) 单凸轮轴

(b) 双凸轮轴

图 5-5 单凸轮轴和双凸轮轴

四、配气机构的工作原理
(一) 凸轮轴上置配气机构的工作原理

凸轮轴通过正时齿轮由曲轴驱动。四冲程发动机每完成一个工作循环曲轴转两圈,各缸进、排气门各开启一次,凸轮轴只需转一圈,曲轴转速与凸轴转速之比为 2∶1,也就是曲轴正时齿轮的齿数是凸轮轴正时齿轮齿数的 1/2。

发动机曲轴正时齿轮通过正时齿带带动凸轮轴正时齿轮和凸轮轴转动,凸轮的尖角推动液力挺杆使气门向下运动,气门打开。气门关闭凸轮转到圆角时,由气门弹簧使气门关闭,如图 5-3 所示。

(二) 凸轮轴下置配气机构的工作原理

凸轮轴下置式发动机,如图 5-3 所示。当凸轮轴转至凸起部分顶起挺柱时,挺柱通过推杆使摇臂绕摇臂轴摆动。摇臂的长臂端压缩气门弹簧,推下气门,使气门头部离开气门座而打开。当凸轮凸起部分转过挺柱后,气门在气门弹簧弹力的作用下,开度逐渐减小,直至关闭。

气门的开启是由凸轮通过气门传动组克服气门弹簧弹力推动气门而完成的,而气门的关闭则是由气门弹簧来完成的。

活动二 气门组的结构与工作原理

一、气门组的认知
(一) 气门组的功用和工作条件
1. 功用

气门组在压缩、做功行程中密封气缸。在进气行程时,进气门打开;在排气行程时,排气门打开。气门关闭时气门弹簧的弹力使气门紧贴在气门座圈上。

2. 工作条件

(1) 承受高温、高压气体。

(2)冷却、润滑条件差。

(二)气门组的结构

气门组由气门、气门导管、气门座、气门弹簧和气门锁片等零件组成,如图5-6所示。

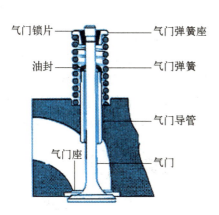
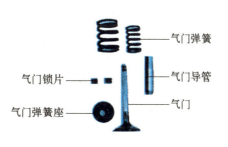

图5-6 气门组

二、气门

1. 功用

气门是燃烧室的组成部分,是气体进、出燃烧室的开关。

2. 气门的结构

气门由头部、杆部和锁止部组成,如图5-7所示。

(1)气门头部的结构形式

气门头部的结构有平顶式、球面顶式和喇叭形顶式3种,如图5-8所示,其特点总结于表5-1中。

图5-7 气门

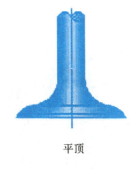

平顶　　　　　球面顶　　　　　喇叭形顶

图5-8 气门头部的结构形式

表 5-1 气门头部结构及其特点

平顶式	结构简单,制造方便,吸热面积小,质量也较小,进、排气门都可采用。目前应用广泛
凸顶式(球面顶)	适用于排气门,因为其强度高,排气阻力小,废气的清除效果好,但球形的受热面积大,质量和惯性力大,加工较复杂
凹顶式(喇叭顶)	凹顶头部与杆部的过渡部分具有一定的流线型,可以减少进气阻力,故适用于进气门;但其顶部受热面积大,而不宜用于排气门

知识链接　气门锥角是气门头部与气门座圈接触的锥面和气门顶部平面的夹角,如图 5-9 所示。气门锥角的作用:① 获得较大的气门座合压力,提高密封性。扩大导热面积,提高导热性能。② 气门落座时有较好的对中、定位作用。③ 在相同气门升程的条件下,能使气流的通过断面面积增大、进气阻力降低,提高进气速度和进气量,避免气流拐弯过大而降低流速。

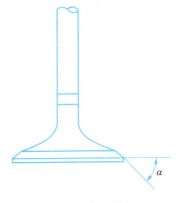

图 5-9 气门锥角 α

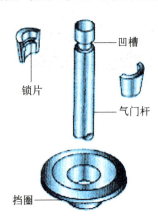

图 5-10 气门锁止部的作用

(2) 气门杆部与锁止部

气门杆部在导管中起运动导向作用,保证气门直线运动,兼起导热作用。

气门锁止部通过安装气门锁片,防止气门脱落,如图 5-10 所示。

三、气门座

(一) 气门座的作用

气缸盖或气缸体的进、排气道与气门锥面相结合的部位称为气门座。气门座的作用是靠其内锥面与气门锥面的紧密贴合密封气缸,并传导气门的热量。

结构认知　**(二) 气门座的结构**

气门座镶在气缸盖上,如图 5-11 所示。与气门紧密贴合。

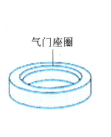

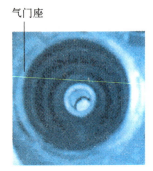

图 5-11 气门座

(三) 气门座的工作特点

气门座在高温下工作,并受到气门高速撞击,极易损坏。通常使用耐热材料制成气门座圈,镶嵌入气罐盖的气门座圆孔中,以便提高其使用寿命,同时便于更换。

四、气门导管

(一) 气门导管的功用

气门导管的功用是给气门的运动导向,并为气门杆散热。

(二) 气门导管的结构

气门导管过盈配合镶在气缸盖上,如图 5-12 所示。

(三) 气门导管的工作特点

气门杆与气门导管之间的配合使气门杆能在导管中自由运动又不至于松旷,如图 5-12 所示。

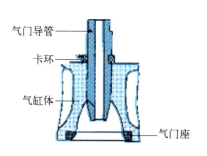
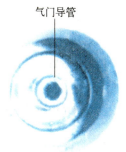

图 5-12 气门导管

五、气门弹簧

(一) 气门弹簧的功用

气门弹簧借其弹力使气门及时关闭,并保证气门与气门座紧密贴合。

(二) 气门弹簧的结构

安装时,气门弹簧的一端支承在气缸盖或气缸体上,而另一端则压靠在气门杆尾端的弹簧座上,弹簧座用锁片固定在气门杆的末端,如图 5-13 所示。

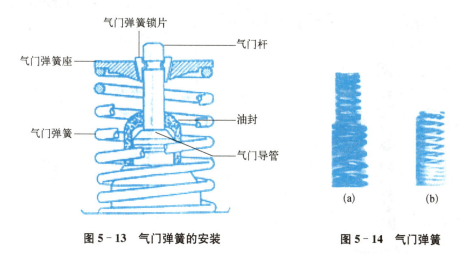

图 5-13 气门弹簧的安装　　图 5-14 气门弹簧

(三) 气门弹簧的工作特点

为了防止弹簧发生共振,可采用变螺距的圆柱形弹簧[图 5-14(b)]或双气门弹簧[图 5-14(a)]。双气门弹簧不但可以防止共振,而且当一根弹簧折断时,另一根仍可维持工作,防止气门落入气缸内。

操作步骤

（四）气门组的认知与拆装
气门组的认知与拆装内容体现在工作页 9 中。

工 作 页 9

气门组的结构认知和拆装	班级	日期
	姓名	成绩

实训目标
1. 了解气门组的结构。
2. 能熟练拆装气门组。

实训主要设备和要求
1. 桑塔纳发动机 3 台。
2. 一位教师带教 12 位学生，分成 3 组，严格按照下列步骤完成工作页。

实训步骤
    1. 气门组的结构认知
    （1）气门组的作用_____
_____。
    （2）结合实物，指认图 5-15 中气门组的名称。
    1)_____,2)_____,
    3)_____,4)_____,
    5)_____。
    （3）气门的作用：
_____
_____

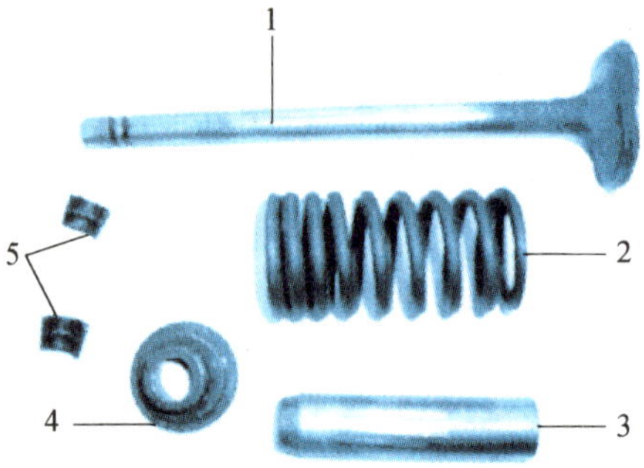

图 5-15　气门组的名称

    （4）结合实物，指认图 5-16 中气门各部分的名称。
    1)_____,2)_____,3)_____,4)_____。

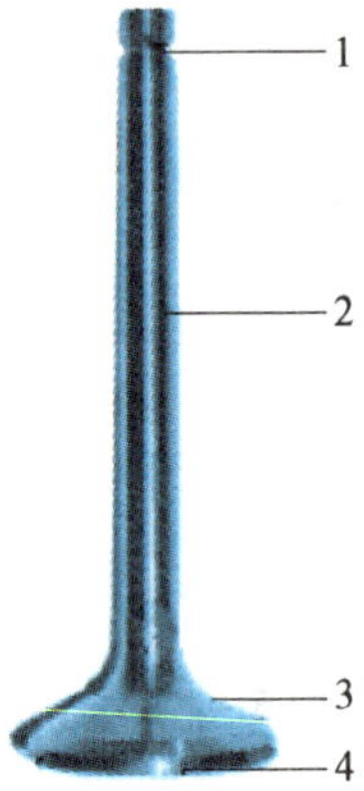

图 5-16　气门各部分的名称 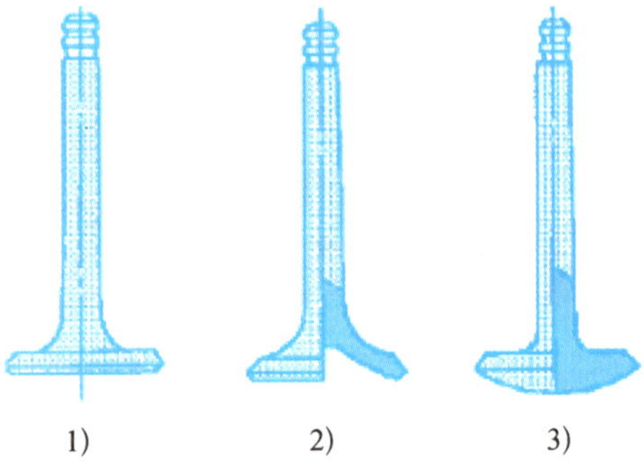　　　　图 5-17　气门头部各种形式

    （5）进气门的气门锥角为_____，排气门的气门锥角为_____。
    （6）"进气门直径等于排气门直径"，对吗？为什么？_____。
    （7）气门头部的形状有哪几种？注出图 5-17 中的气门头部各种形式。
    1)_____,2)_____,3)_____。

(8) 观察实物,图 5-18 中的气门导管在气缸内是间隙配合还是过盈配合?

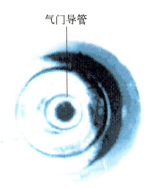

图 5-18 气门导管的配合

图 5-19 气门导管的结构

(9) 在气门组图 5-19 中指认气门导管。
气门导管的作用_____。
(10) 气门弹簧的作用：
_____。
图 5-20(a)为_____弹簧,(b)为_____弹簧。

2. 气门组的拆装
(1) 气门组的拆卸。
1) 使用专用工具拆卸气门锁片、气门弹簧,并按组存放,如图 5-21 所示。
2) 用铜棒和榔头将气门敲出。

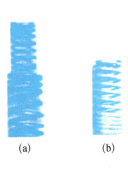

图 5-20 气门弹簧

图 5-21 拆卸气门组

(2) 气门组的装配。
1) 按照顺序将气门装入气门导管内,注意不要损伤油封。
2) 安装气门弹簧和上弹簧座。用专用工具压下气门弹簧,装上气门锁片。
3) 气门组在拆装时,哪些件易造成人员伤害?
_____。

活动三　气门传动组的结构与拆装

一、气门传动组概述
（一）气门传动组的作用
气门传动组的作用是将曲轴的旋转运动变为气门的开闭运动。

（二）气门传动组的结构认知
气门传动组由曲轴正时齿轮、正时皮带、凸轮轴正时齿轮、凸轮轴和液力挺杆等组成，如图 5-22 所示。

配气机构动力传递：曲轴正时齿轮→正时齿带→凸轮轴正时齿轮→凸轮轴→液力挺杆→气门，将气门打开，如图 5-22 所示。

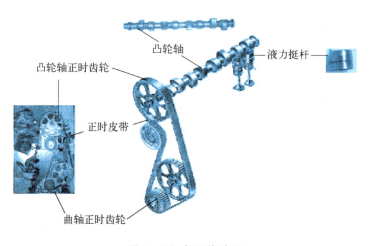

图 5-22　气门传动组

二、凸轮轴
（一）凸轮轴
凸轮轴的作用是控制气门的开闭。对于下置凸轮轴的发动机还可驱动机油泵、分电器和汽油泵（汽油机）。

（二）凸轮轴的结构
顶置式配气机构的凸轮轴安装在气缸盖上，凸轮轴上有进、排气凸轮，如图 5-23 所示。

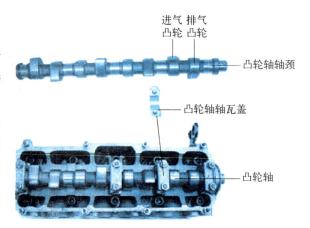

图 5-23　桑塔纳发动机的凸轮轴

（三）凸轮轴的工作原理
同一气缸的进、排气凸轮的相对角位置与既定的配气相位相适应。发动机各个气缸的进、排气凸轮的相对角位置应符合发动机各缸的工作循环要求。因此,根据凸轮轴的旋转方向以及各缸进、排气和凸轮的工作顺序,就可以判定发动机的点火次序。

四缸四行程发动机,每完成一个工作循环,曲轴须旋转两周,凸轮轴只旋转一周。在这期间,每个气缸都要进行一次进气或排气,且各缸进气或排气的时间间隔相等,即各缸进或排气凸轮彼此间的夹角均为 $360°/4=90°$,如图 5-24 所示。汽车发动机的点火次序为 1—2—4—3(凸轮轴旋转方向,从前端向后看)。图 5-24(a)所示为四缸同名凸轮角。

六缸四行程发动机的凸轮轴逆时针旋转,其点火次序为 1—5—3—6—2—4,任何两个相继点火的气缸进或排气凸轮间的夹角均为 $360°/6=60°$,图 5-24(b)所示为六缸同名凸轮角。

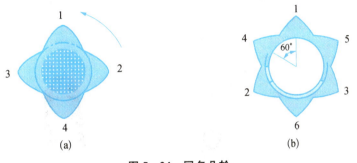

图 5-24 同名凸轮

三、挺柱

发动机的挺柱分液力挺柱与机械挺柱两种。

(一)挺柱的作用

挺柱的作用是将凸轮的推力传递给推杆或气门杆,并承受凸轮轴旋转时所施加的侧向力。

(二)液力挺柱的结构

液力挺柱安装在凸轮与气门之间,由挺柱体、单向阀、单向阀回位弹簧、单向阀回位弹簧座、柱塞回位弹簧、气门、气门推杆和柱塞等组成,如图 5-25 所示。

挺柱体上有油孔与气缸盖相通,使油流入或流回气缸盖油道。柱塞套

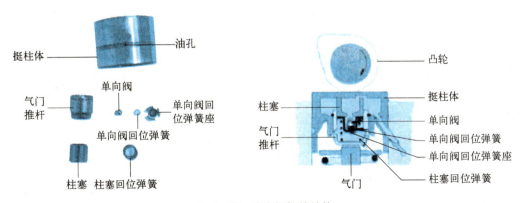

图 5-25 液力挺柱的结构

在气门推杆内,柱塞推杆套在挺柱体内。

单向阀和单向阀回位弹簧,安装在单向阀回位弹簧座上,单向阀回位弹簧座装在柱塞上。在没有油压的情况下,单向阀是关闭的。

柱塞和气门推杆之间有柱塞回位弹簧,它使柱塞向上紧贴在挺柱体上。

(三)液力挺柱的工作原理

发动机运行,气门关闭时,单向阀在机油压力的作用下,克服弹簧的作用力,被顶开,柱塞上下腔的油压相等。

当挺柱体被凸轮向下推动时,推动柱塞克服柱塞弹簧的作用力,在气门推杆内迅速运动,于是柱塞下部空腔内的油压迅速增高,使单向阀关闭。液体具有不可压缩性,整个挺柱如同一个刚体一样向下运动,推动气门打开,如图 5-26 所示。

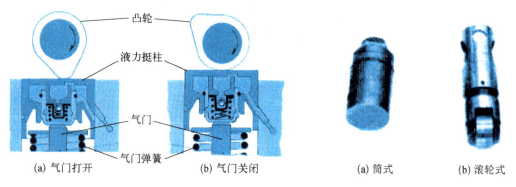

图 5-26 液力挺柱的工作原理　　图 5-27 机械挺柱

气门关闭时,单向阀打开。若刚刚起动,气门温度较低,柱塞下腔内的补油,会增加油量,将气门推杆向下推,从而使挺柱自动"伸长"。相反,若气门受热膨胀,气门向上顶,推动气门推杆相对于柱塞向上运动,柱塞下方的油液流回气缸盖,从而使挺柱自动"缩短"。因液力挺柱可随时调节自身高度使气门杆端与液力挺柱始终保持无间隙状态。两者之间没有了敲击,噪声也大大减小。液力挺柱已为大多数汽车所选用。

(四)机械挺柱的结构

机械挺柱有筒式和滚轮式两种结构,如图 5-27 所示。

(五)机械挺柱的工作原理

机械挺柱工作原理如图 5-28 所示。挺柱在结构上制成球面,而且把凸轮面制成带锥度形状。这样凸轮与挺柱的接触点偏离挺柱轴线,当挺柱被凸轮顶起上升时,接触点的摩擦力使其绕本身轴线转动,以使磨损均匀。在发动机工作时,机械挺柱会受热膨胀,从而导致气门关闭不严。为防止这种情况出现,装有机械挺柱的发动机在冷车时气门杆与摇臂间留有缝隙,称为气门间隙。此间隙随挺柱、气门座等件的磨损会变化。要求按说明书定期检查并调整。

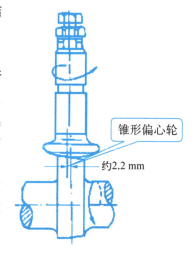

图 5-28 机械挺柱的工作原理

四、气门推杆

(一)气门推杆的作用

气门推杆只有在顶置式气门、凸轮轴下置的配气机构中才有,它将挺柱传来的推力传给摇臂。

(二)气门推杆的结构

气门推杆是气门机构中最容易弯曲的细长零件,如图 5-29 所示。上、下两端焊有不同形状的端头。上端头为凹球形,与摇臂上的调整螺钉球头相配合,而且还可以在凹球内积存少量润滑油以减少双方的磨损。下端头通常为球形,以便坐落在挺杆的凹球形支座内。

图 5-29 气门推杆

五、摇臂、摇臂轴

(一)摇臂、摇臂轴的作用

摇臂和摇臂轴的作用是增强推杆传来的力,并且改变其方向,作用到气门尾端,借以推开气门。

(二)摇臂、摇臂轴的结构

摇臂实际上是一双臂杠杆,如图 5-30(a)所示。两臂不等长,长、短臂的比值约 1.5,这个比值称为摇臂的传动比。摇臂的长臂端用来推动气门端,短臂端与推杆接触。

摇臂轴组件的构造,如图 5-30(b)所示。摇臂支承孔内压有青铜衬套,并以一定的配合间隙套在中空的摇臂轴上,摇臂轴则装在摇臂轴座的孔中,摇臂轴座用螺栓固定在气缸盖上。在相邻两摇臂轴座之间装有一个摇臂和一个弹簧,防止气门摇臂轴向移动。最外的摇臂则用卡簧定位。

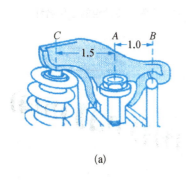

(a)

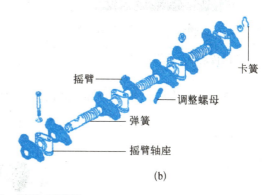

(b)

图 5-30 摇臂、摇臂轴

六、气门传动组的认知与拆装

气门传动组的认知与拆装的内容体现在工作页 10 中。

工 作 页 10

气门传动组的结构认知与拆装	班级	日期
	姓名	成绩

实训目标
1. 了解气门传动组的结构。
2. 熟练拆装气门组。

实训主要设备和要求
1. 桑塔纳发动机 3 台,东风发动机一台。
2. 一位教师带教 12 位学生,分成 3 组,严格按照下列步骤完成工作页。

实训步骤

1. 气门组的结构认知

(1) 结合发动机实物,指认图 5-31 中从曲轴到凸轮轴气门传动组的零件。
1) _____ ,2) _____ ,3) _____ ,4) _____ ,
5) _____ 。

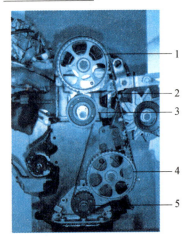

图 5-31 曲轴到凸轮轴气门传动组的零件

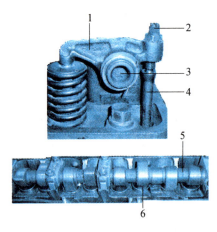

图 5-32 中气门传动组的零件名称

(2) 气门传动组的作用:_____
_____。

(3) 结合实物,指认图 5-32 中气门传动组的零件名称。
1) _____ ,
2) _____ ,
3) _____ ,
4) _____ ,
5) _____ ,
6) _____ 。

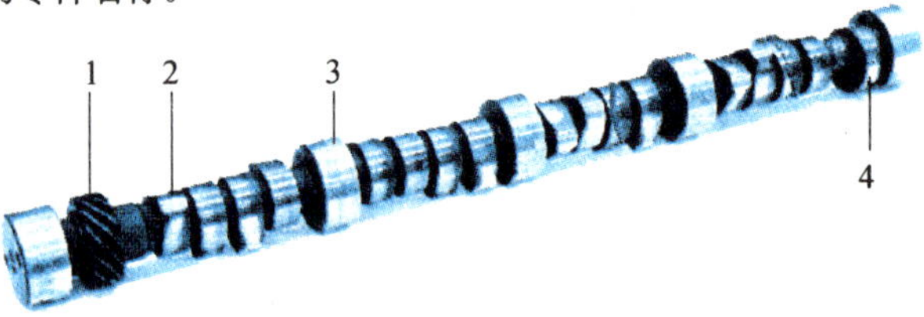

(4) 结合实物,指认图 5-33 凸轮轴的结构。
1) _____ ,2) _____ ,3) _____ ,4) _____ 。

图 5-33 凸轮轴的结构

(5) 气门是怎样打开的? 气门是怎样关闭的?
_____

(6) 挺柱的作用:_____
_____。

(7) 认知图 5-34 中的液力挺柱。
1) _____ 2) _____ 3) _____ 4) _____
5) _____ 6) _____ 7) _____ 8) _____

(续 表)

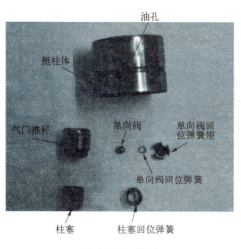

图 5-34 挺柱

图 5-35 摇臂轴组件

(8) 为什么现代大多数发动机采用液力挺柱?_____。
(9) 结合实物,指认图 5-35 中的摇臂轴组件。
1)_____,2)_____,3)_____,4)_____,
5)_____,6)_____。
(10) 摇臂与摇臂轴、摇臂与气门杆及推杆之间是怎样润滑的?
_____。

2. 桑塔纳轿车发动机气门组的拆装
(1) 拆卸。
1) 拆卸上、下齿形带护罩。松开齿形带张紧轮,转动偏心轴,使齿形带松弛,取下齿形带,如图 5-36 所示。

图 5-36 拆卸齿形带

2) 拆下气门室盖和机油反射罩,如图 5-37 所示。

图 5-37 拆下气门室盖和机油反射罩

图 5-38 拆下凸轮轴和正时齿轮

3) 在凸轮轴轴承盖上作好顺序号,拆下凸轮轴轴承盖。拆下凸轮轴和正时齿轮,如图 5-38 所示。

4)按顺气缸序拆下各液力挺柱,如图 5-39 所示。并作好顺序记号,按照顺序摆放。

图 5-39 拆下液力挺柱

图 5-40 安装凸轮轴

(2)装配。
1)按照安装顺序装上液力挺柱。
2)安装凸轮轴时,第一缸的凸轮必须朝上。当安装轴承盖时,要保证孔的上下部分对准。润滑凸轮轴轴承表面、轴承盖,拧紧紧固螺母拧紧力矩为 20 N·m,如图 5-40 所示。
3)曲轴转动到一缸上止点,看飞轮上止点记号,如图 5-41 所示。
4)转动凸轮轴使凸轮轴正时齿轮与后罩盖上记号对准,如图 5-42 所示。

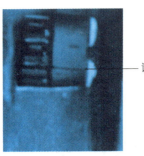
图 5-41 曲轴对上止点记号

图 5-42 凸轮轴对记号

图 5-43 分电盘对记号

5)将分火头与壳体上的第一缸上止点记号对准,插入分电盘,固定分电器压盘,扣合分电器盖,如图 5-43 所示。
6)顺时针方向转动张紧轮,拧紧张紧轮紧固螺母,拧紧力矩为 45 N·m。用手捏在齿带中间,正好可转 90°,则皮带张紧度符合要求,如图 5-44 所示。

图 5-44 安装齿形带

7)安装齿形带下护罩,齿形带下护罩螺栓拧紧力矩为 10 N·m。装上皮带轮盘,并以 20 N·m 力矩拧紧。扣合上护罩。

活动四　配气相位

一、配气相位的定义与作用

用曲轴转角表示的进、排气门实际开闭时刻和开启持续时间,称为配气相位。通常用相对于上、下止点曲拐位置的曲轴转角的环形图来表示,称为配气相位图,如图5-45所示。

按四行程发动机的工作原理,当曲拐处在上止点(TDC)时进气门开启,下止点(BDC)时关闭;排气门则当曲拐在下止点时开启,上止点时关闭。进气时间和排气时间各占180°转角。但实际上由于发动机转速很高,活塞每一行程历时相当短。在这样短的时间内换气,势必会造成进气不足和排气不净,从而使发动机功率下降。因此,发动机都采取延长进、排气时间的方法,改善进、排气状况,提高发动机的动力性。故发动机气门实际开闭时刻是早开迟闭。

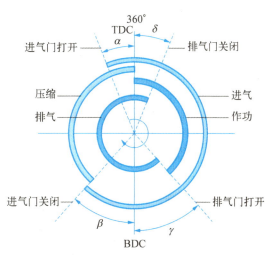

图 5-45　配气相位图

二、配气相位的原理

(一) 进气门的配气相位

1. 进气提前角

在排气行程接近终了、活塞到达上止点之前,进气门便开始开启,从进气门开始开启到活塞移到上止点所对应的曲轴转角α,称为进气提前角,如图5-45所示。

进气门提前开启的目的,是为了保证进气行程开始时进气门已开大,减小了进气阻力,使气体能顺利地充入气缸。

但进气提前角不能过大,否则会因发动机的转速增加,而增加进气阻力。一般进气提前角为$10°\sim30°$。

2. 进气迟后角

在进气行程下止点过后,活塞重又上行一段,进气门才关闭。从下止点到进气门关闭所对应的曲轴转角β,称为进气迟后角,如图5-45所示。

由于活塞到达下止点时,气缸内压力仍低于大气压力,且气流还有相当大的惯性,这时气流不但没有终止向气缸流动,甚至可能流速还相当高,进气门迟后关闭的目的是利用气流惯性和压力差继续进气,达到增大充气效率的目的。

但进气迟后角不能过大,否则反而会将充入气缸的气体压出气缸,降低发动机的充气效率。一般进气迟后角为$40°\sim80°$。

由此可见,进气门开启持续时间内的曲轴转角,即进气门持续开启角为$\alpha+180°+\beta$。

(二) 排气门的配气相位

1. 排气提前角

在活塞到达下止点之前,做功行程接近终了时,排气门开始开启。从排气门开始开启到下止点所对应的曲轴转角 γ，称为排气提前角，如图 5-45 所示。

当做功行程活塞接近下止点时，气缸内的气体大约还有 0.30～0.50 MPa 的压力，此压力对做功的作用已经不大，但比大气压力高得多，排气门提前开启的目的是利用此压力使气缸内的废气迅速地自由排出，待活塞到达下止点时，已将气缸中 60% 的废气排出了气缸，使排气行程所消耗的功率大为减小，此外，高温废气迅速地排出，还可以防止发动机过热。

但排气提前角不宜过大，一般为 40°～80°，否则会降低发动机的功率。

2. 排气迟后角

活塞越过上止点后，排气门才关闭。从上止点到排气门关闭所对应的曲轴转角 δ，称为排气迟后角，如图 5-45 所示。

由于活塞到达上止点时，气缸内的残余废气压力继续高于大气压力，加之排气时气流有一定的惯性，排气门迟后关闭的目的是利用气流惯性和压力差把废气排放得更干净。

但排气迟后角不宜过大，一般为 10°～30°，否则会增加发动机换气时所消耗的功率。

由此可见，排气门开启持续时间内的曲轴转角，即排气持续角为 $\gamma+180°+\delta$。

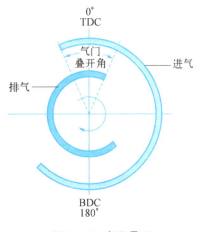

图 5-46 气门叠开

三、气门叠开

进气门在进气上止点前即开启，而排气门在进气上止点后才关闭，这就出现了在一段时间内进、排气门同时开启的现象，称为气门叠开。同时开启的曲轴转角 $\alpha+\delta$ 称为气门叠开角，如图 5-46 所示。

由于新鲜气流和废气流的流动惯性都比较大，在短时间内不会改变流向，因此只要气门叠开角选择适当，就不会有废气倒流进进气管和新鲜气体随同废气排出的现象。但气门叠开角不能过大，否则会将发动机吸入的混合气（空气）直接从排气门排出。

四、配气相位认知

配气相位认知的内容体现在工作页 11 中。

工作页 11

配气相位认知	班级	日期
	姓名	成绩

实训目标
了解配气相位及相关术语。
实训设备和要求：
1. 发动机解剖机一台。
2. 一位教师带教 12 位学生，分成 3 组，严格按照下列步骤完成工作页。

实训步骤
1. 观察发动机的工作并填写各行程中气门的状态（开或闭）

(续　表)

行程名称	曲轴转角	活塞运动	进气门	排气门
进气	180°	由上止点至下止点		
压缩	180°	由下止点至上止点		
做功	180°			
排气	180°			

2. 选择填空

（1）发动机运行时，（　　）的配气相位相对于上、下止点是早开迟闭的。

A. 进气门　　　　　　　B. 排气门　　　　　　　C. 进、排气门

（2）气门叠开出现在（　　）。

A. 进气上止点　　　　　B. 压缩上止点　　　　　C. 做功上止点

（3）气门的早开迟闭是为了（　　）。

A. 减小进气阻力　　　　B. 加快排气速度　　　　C. 进气充分、排气干净

项目六 润滑系的结构与拆装

活动一　润滑系的认知

活动二　润滑系主要总成的结构与拆装

项目六 润滑系的结构与拆装

知识目标
1. 知道润滑系的组成、作用及润滑方式。
2. 了解润滑系的工作原理。
3. 知道机油泵和机油滤清器的结构与工作原理。

能力目标
1. 规范拆装机油泵。
2. 能检查机油油平面高度与更换机油。
3. 能更换机油滤清器。

活动一 润滑系的认知

一、润滑系的功用

发动机的主要运动件均处于高温、高压、高速及大负荷的运动状态。各相对运动件间,如活塞和缸壁、曲轴和轴瓦之间,若得不到润滑,会因剧烈的干摩擦而造成零件磨损甚至严重损坏和发动机的功率损耗。为使发动机能正常工作、延长使用寿命,需要对发动机中运动表面进行润滑。所以,润滑系的功用有以下 5 种。

(1) 润滑:减小摩擦力,减轻磨损,如图 6-1 所示。
(2) 清洗:将零件表面的尘埃、磨屑等污垢带走。
(3) 冷却:降低摩擦件表面温度。
(4) 密封:密封各零件间的间隙,如图 6-2 所示。
(5) 防腐:防止金属表面产生锈蚀和腐蚀。

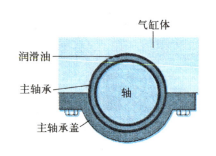

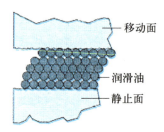

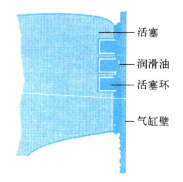

图 6-1 润滑作用   图 6-2 润滑油的密封作用

粘度是表示机油的稀稠程度的物理量。液体流动时,其分子之间产生的阻力叫粘度。粘度是机油性能的主要指标。机油的牌号用粘度表示。粘度过大,发动机运动阻力大,起动困难,磨损大,消耗发动机功率大,冷却和清洗作用差;粘度过小,机油易流失,加大磨损,密封差会造成气缸漏气,因此各类汽车必须严格按照生产厂的规定粘度选用机油。

二、润滑方式

发动机各运动副的工作条件不同,对润滑要求也不同,详见表6-1。

表6-1 润滑方式、特点和适用零件

润滑类型	特 点	适 用 零 件
压力润滑	将经机油泵升压的机油输送到需要润滑的部位。润滑效果可靠,并具有清洗及冷却作用	大负荷、高速工作的表面如曲轴轴瓦、气门摇臂
飞溅润滑	发动机工作时,运动件击溅以及从运动件间隙流出的机油溅洒到工作表面	荷载速度较低的运动件及压力润滑困难的运动表面,如气缸壁、正时齿轮
脂润滑	在轴承内注入润滑脂。现代汽车多采用生产时一次性注入	发电机、水泵等小总成内

发动机一般采用复合式润滑,即综合压力润滑和飞溅润滑的方式。

三、润滑系的组成

发动机润滑系一般由集滤器、机油泵、机油滤清器、限压阀和机油油道等组成。

集滤器和机油泵安装在气缸体的曲轴箱内,机油滤清器安装在气缸体的一侧,如图6-3所示。

机油滤清器

集滤器　机油泵

图6-3 集滤器、机油泵、机油滤清器的安装位置

四、发动机润滑系的工作油路及其流向

油底壳内的润滑油经机油集滤器滤掉大的机械杂质后,被机油泵压入机油滤清器后分两路送出,如图6-4所示。第一路经主油道后分为两支:一支进入曲轴主轴承分油道,润滑主轴承,经曲轴内油道润滑连杆大端轴承,再经连杆内油道润滑连杆小端轴承后回到油底壳;另一支则进

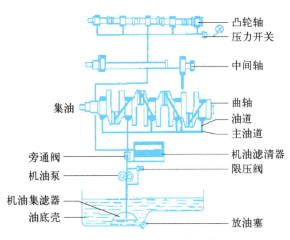

图 6-4 润滑系的工作油路及其流向

入中间轴的轴承（HJR 型发动机无中间轴）后流回油底壳。第二路从主油道进入凸轮轴的轴承后再润滑气门机构，然后流回油底壳。当主油道油压太高或流量太大的情况下，润滑油冲开限压阀，分流回油底壳。

机油滤清器上设有旁通阀，开启压力为 0.18 MPa。当机油滤清器堵塞时，润滑油通过压力开关短路进入主油道，防止发动机运动副因缺润滑油而烧坏。

低压油压开关启动压力为 30 kPa，位于气缸盖后端；打开点火开关，仪表板中的机油压力警告灯即闪烁。起动发动机，当机油压力大于 30 kPa 时，开关触点开启，该警告灯自动熄灭。当发动机低速运转时，若机油压力低于 30 kPa 时，则油压开关触点闭合，机油压力警告灯闪烁。

高压油压开关启动压力为 180 kPa，位于机油滤清器支架上。当发动机转速超过 2 150 r/min 时，如果机油压力达不到 180 kPa，油压开关触点断开，机油警告灯闪烁，警报蜂鸣器也同时报警。

活动二　润滑系主要总成的结构与拆装

一、机油泵

（一）机油泵的作用

机油泵将机油增压后，通过油道压送到各运动件的摩擦表面。

（二）机油泵的类型

汽车上常用的机油泵有齿轮式和转子式两种，如图 6-5 所示。

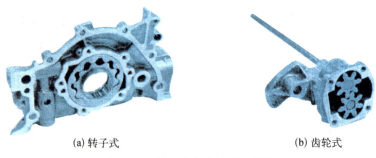

(a) 转子式　　　　　　　　(b) 齿轮式

图 6-5 转子式和齿轮式机油泵

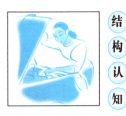

结构认知

（三）齿轮式机油泵的结构与工作原理

1. 齿轮式机油泵的结构

齿轮式机油泵由壳体、驱动齿轮、主动齿轮、从动齿轮和轴等组成，如图 6-6 所示。

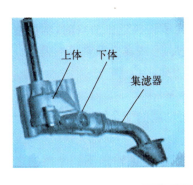
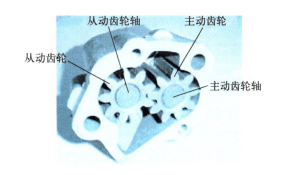
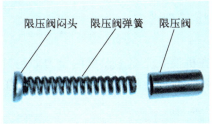

图 6-6 齿轮式机油泵的结构

2. 齿轮式机油泵的工作原理

发动机工作时,机油泵的传动齿轮带动主动齿轮轴和主动齿轮旋转,与主动齿轮啮合的被动齿轮也随之旋转。旋转时,进油腔内产生真空,吸入润滑油,通过两齿轮的空隙,将润滑油带到出油腔。润滑油在出油腔内受两齿轮轮齿的挤压产生压力,将润滑油压送到滤清器。经滤清的润滑油再经油道,流到运动件表面进行润滑,如图 6-7 所示。

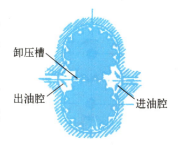

图 6-7 齿轮式机油泵的工作原理

(四)转子式机油泵的结构与工作原理

1. 结构

转子式机油泵由泵壳、泵盖、具有 5 个内齿的外转子、具有 4 个外齿的内转子及驱动内转子的转子轴组成。

外转子与泵壳为滑动配合,是从动件;内转子与转子轴固定,是主动件。内、外转子不同轴线安装,安装后相互构成 4 个容积不等的油腔,如图 6-8 所示。

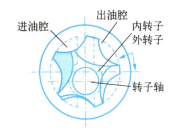

图 6-8 转子式机油泵的结构与工作原理

2. 工作原理

发动机工作时,内转子带外转子转,内转子的 4 个齿一边转,一边在外转子的内弧面上滑动,内转子转速大于外转子,使4个油腔大小呈周期性变化。转子转到近出油口时,容积逐渐变小,油压升高而将机油压出;转子转到近进油口时,容积逐渐变大,形成真空而将机油吸入。

(五)机油泵限压阀

1. 影响机油泵输出油压大小的因素

发动机的转速、机油粘度、润滑油道中的阻力变化、各运动副的配合间隙等,都是影响输出油压大小的因素。

一般主油道内的油压在150～600 kPa之间。压力过低,润滑油输送不到摩擦副之间,影响润滑效果;压力过高,会引起滤清器、软管、接头等处爆裂和渗漏。为此,在润滑油道中都设有限压阀,使机油压力自动控制在规定范围内。

2. 工作原理

如图6-9所示,限压阀设在机油泵壳盖上。机油压力如超过规定压力,则出油道中机油的压力油克服弹簧推力,打开钢球阀门,使一部分机油回流到进油道,在机油泵内循环。

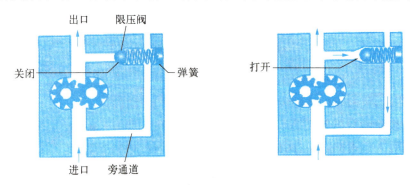

图6-9 限压阀的工作原理

二、机油滤清器

(一)机油滤清器的作用

在机油循环过程中,机油滤清器能够滤去机油中的杂质,保持润滑油的清洁。

(二)机油滤清器的类型

机油滤清器分集滤器和机油滤清器(指粗、细滤清器)两种。

过滤装置过多,会增加机油的运动阻力。一般润滑系内会装有几个不同功能的滤清器,分别与主油道串联或并联。

(三)集滤器

1. 作用

集滤器能滤去较大的机械杂质,防止机油泵早期磨损。

2. 集滤器的结构

集滤器由罩、滤网、浮子、固定管、吸油管等组成,如图6-10所示。

3. 工作原理

机油泵工作时,润滑油被吸入罩和滤网间的狭缝

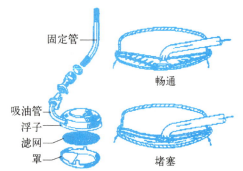

图6-10 集滤器的结构与工作原理

中,较大的机械杂质在滤网处滤去。当滤网被杂质堵塞时,由于机油泵产生的压力,使滤网被吸起,滤网上的圆孔与罩分离,此时机油不经滤网,直接从圆孔进入吸油管,保证机油泵不断油。

(四) 机油粗、细滤清器

在发动机润滑系中,小汽车发动机采用一个粗滤清器清除机油中的杂质,如图6-11(a)所示;而大型发动机采用一个细滤清器和一个粗滤清器共同清除机油中的杂质,如图6-11(b)所示。

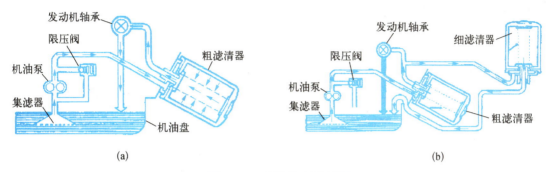

图 6-11 机油粗、细滤清器

细滤器滤去较细的杂质,使润滑油能持续白洁。粗滤器滤去油中直径约0.08 mm以上的杂质。由于它对润滑油的阻力小,因此一般被串联在机油泵与主油道之间。

细滤器工作原理:通常使用纸质滤芯,滤芯分内外两层,机油经内外两层滤芯过滤后再流向主油道。当进出油口因滤芯过脏等原因使压力差大于150~180 kPa时,旁通阀打开,防止断油,如图6-12所示。

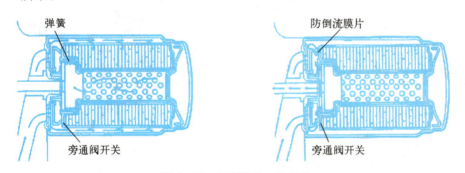

图 6-12 细滤器的工作原理

操作步骤

三、润滑系的认知与拆装

工作页 12

润滑系的认知与拆装	班级		日期	
	姓名		成绩	

实训目标
1. 了解润滑系的总体构造。
2. 了解机油泵的结构。
3. 能熟练拆装机油泵。

（续　表）

润滑系的认知与拆装	班级	日期
	姓名	成绩

实训主要设备
1. 桑塔纳发动机 3 台。
2. 一位教师带教 12 位学生，分成 3 组，严格按照下列步骤完成工作页。

实训步骤

1. 润滑系总体结构的认知
(1) 根据桑塔纳发动机，写出它的润滑系由哪些零件组成？
_____
_____
_____。
(2) 写出润滑油路的流向。
_____
_____
_____。

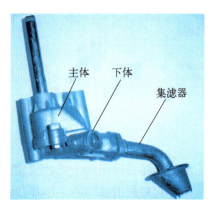

图 6-13　集滤器、下体和主体

2. 机油泵的认知与拆装
(1) 机油泵的拆卸与认知。
1) 桑塔纳发动机的机油泵是齿轮式、叶片式还是转子式的？
_____
2) 拆下机油集滤器、集滤器密封圈和下体，如图 6-13 所示。
3) 根据实物，认知图 6-14 中机油泵的各齿轮与轴。
　①_____，②_____，
　③_____，④_____。
4) 拆下图 6-14 中的零件 1,4。
5) 用钩子将机油泵限压阀闷头拆下，取出弹簧，用压缩空气吹出限压阀，如图 6-15 所示。
6) 指出图 6-16 中各孔的名称。
　①_____，②_____，
　③_____，④_____。
3. 机油泵的装配
(1) 将限压阀装到下体上。

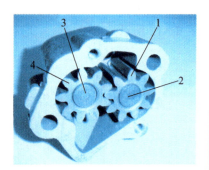

图 6-14　机油泵的各齿轮与轴

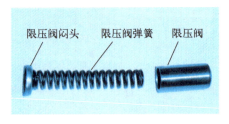

图 6-15　限压阀的结构

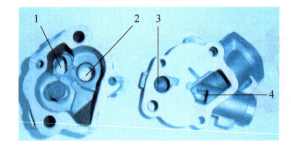

图 6-16　各孔的名称

注意：在限压阀的表面涂上一些机油，以保证限压阀转动自如。

（续　表）

(2) 将主动齿轮、主动齿轮轴、从动齿轮、从动齿轮轴装到中体上。
(3) 在主动齿轮与从动齿轮之间涂上凡士林，保证第一次启动润滑齿轮。
(4) 将下体安装到上体上(拧紧力矩为 10 N·m)。
(5) 将集滤器安装到下体上(拧紧力矩为 25 N·m)。
(6) 机油泵装复后，用手转动机油泵齿轮，应转动自如，无卡阻现象。将机油灌入机油泵内，用拇指堵住油孔，转动泵轴应有油压出，并能感到有压力。

4. 机油滤清器的拆装
(1) 机油滤清器的拆卸。
1) 趁热放出发动机机油。
2) 用专用工具拆卸机油滤清器，如图 6-17 所示。

图 6-17　拆卸机油滤清器

(2) 机油滤清器的安装。
1) 安装新滤清器时，应在密封圈上涂上干净的机油。若不涂机油，安装时密封圈与接合面发生干摩擦，密封圈易翘曲和损坏，造成密封不良而漏油，如图 6-18 所示。

图 6-18　清洁滤清器　　　　　　　　图 6-19　拧紧机油滤清器

2) 用手轻轻拧紧机油滤清器，直到感觉有阻力为止，再用专用工具重新拧紧机油滤清器 3/4 圈，如图 6-19 所示。

5. 结合实物认知讨论
(1) 润滑系的基本作用有哪些?
(2) 曲轴主轴承、连杆轴承、凸轮轴、摇臂轴、气缸壁及活塞销分别用何种润滑方式润滑?
(3) 叙述润滑系的润滑油路走向。
(4) 叙述机油泵的工作原理。

项目七 冷却系的结构与拆装

活动一　冷却系的结构与工作原理
活动二　水冷系主要部件的功用、结构与工作原理

项目七 冷却系的结构与拆装

知识目标
1. 知道冷却系的功用与类型。
2. 知道水冷系的组成和工作过程。
3. 知道散热器的功用及结构。
4. 知道冷却强度调节装置的结构及工作原理。
5. 知道水泵的结构及工作原理。
6. 知道膨胀水箱的功用及工作原理。

能力目标
1. 熟练散热器的拆装。
2. 熟练拆装水泵。
3. 熟练更换冷却液。

活动一 冷却系的结构与工作原理

一、冷却系的功用

发动机在燃烧做功时会使燃烧室附近的零件产生高温,同时各高速运动的零件因摩擦产生的热量若累积不散,也会使发动机的运动件出现过热。这些都会使运动件因热膨胀出现卡滞而无法工作。冷却系通过冷却液(水加入具有防腐、防冻、提高沸点等作用的化工产品)或空气冷却过热机件使发动机始终处于适当的工作温度,从而使运动件之间始终保持正常的运动间隙,并为燃料完全燃烧创造条件。

目前汽车发动机上广泛采用以水作制冷剂的水冷系,因此本书中所提及冷却系为水冷却系统。

二、水冷系的组成和工作原理
(一)组成

水冷系中水为冷却介质,采用强制循环式,利用水泵强制水在冷却系中循环流动。水冷系由散热器、水泵、风扇、冷却水套和节温器等组成,如图7-1所示。

(二)水冷系的工作过程

冷却液的流通路线为散热器中的冷却液经水泵抽吸进入气缸体的水套,再由缸体流回散热器,形成循环如图7-2所示。冷却液的循环路线分大、小循环。

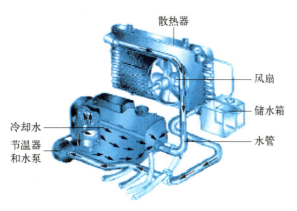

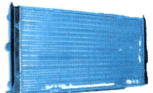

　　　　风扇　　　　　　　　　散热器

　　　　节温器　　　　　　　　水泵

图 7-1　水冷系组成

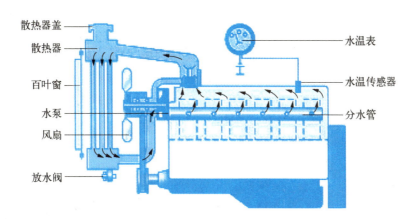

图 7-2　水冷系的工作过程

　　当发动机处于预热等低温状态时,节温器使水套流出的冷却液不经散热器直接进入水泵,起加速升温的作用,称为小循环,如图 7-3(a)所示。

　　当发动机处于大负荷等高温状态时,节温器使水套流出的冷却液全部流入散热器,有效散热,称为大循环,如图 7-3(b)所示。

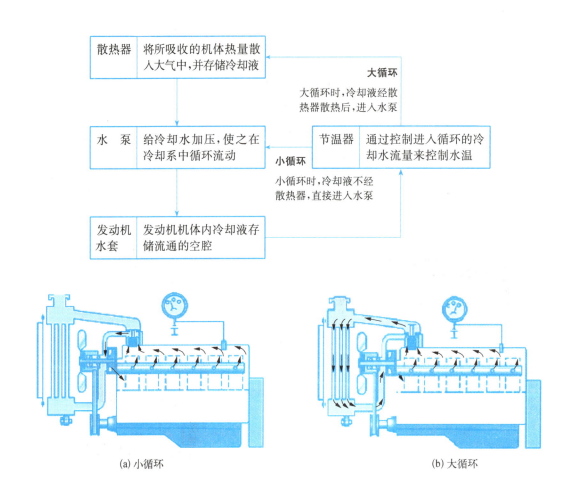

(a) 小循环　　　　　　　　　(b) 大循环

图 7-3　水冷系小循环和大循环

活动二　水冷系主要部件的功用、结构与工作原理

一、散热器

(一) 散热器的作用

散热器(又称水箱)可增大散热面积,加速水的冷却。冷却水经过散热器后,温度可降低 10～15℃。

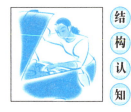

结构认知

(二) 散热器的结构

1. 散热器

散热器由上水室、散热器芯和下水室等组成,如图 7-4 所示。散热器后面装有风扇。

(1) 上水室、下水室

上水室顶部有加水口,并用散热器盖盖住。上水室有进水管,用橡胶软管与缸盖出水管相连;下水室

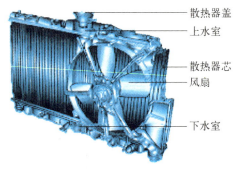

图 7-4　散热器结构

有出水管,与水泵进水管相连。散热器下面装有减震垫。下水室出水管上有放水开关,可放掉散热器内冷却水。

(2) 散热器芯

散热器的散热效果与其和空气的接触面积成正比。为增大散热面积,散热器由许多冷却管和散热片构成,当散热片间被脏物堵塞或散热管被水垢堵塞时均会影响到冷却系的正常工作。散热器芯结构形式有多种,常用有管片式及管带式,如图7-5所示。

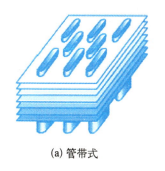
(a) 管带式

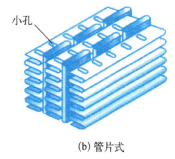
(b) 管片式

图7-5 散热器芯

2. 散热器盖

目前汽车发动机多用封闭式水冷系,有的发动机没有散热器盖。有的发动机安装散热器盖,其上装有蒸汽阀或空气阀,用以控制冷却系统的压力,如图7-6所示。

 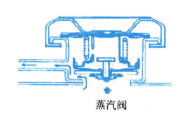 

蒸汽阀　　　　空气阀

图7-6 蒸汽阀与空气阀

(1) 蒸汽阀

散热器内压力过高时,阀门开启,部分水蒸气经泄气管排入大气,避免损坏散热器软管。

(2) 空气阀

在散热器内气压降到低于大气压时,空气阀打开,散热器与大气相通,防止散热器芯被大气压坏。

二、风扇

根据发动机不同工况和使用条件,需改变冷却系散热能力(冷却强度),以保证发动机在最有利的温度下工作。

冷却强度调节通常有改变通过散热器的空气流量及改变冷却液的循环流量两种方式。

改变散热器的空气流量的装置有风扇与百叶窗。但目前发动机采用电子风扇以后,不再采用百叶窗。

(一) 风扇的作用

空气通过车辆向前运动被压入车内并被冷却风扇抽出,风扇护罩和密封件决定了冷却空气的最大进气量。

结构认知

(二) 电子风扇的结构及电路

1. 电子风扇的结构

现代汽车已经使用电子风扇。电子风扇由电动机、风扇叶片和控置电路组成。电动机的开关由散热器的水温开关控制,有高、低速两个档位,低速档在沸点内使用,高速档在沸点外使用,需要冷却时自动起作用。

2. 电子风扇的电路

电子风扇的电路由水温传感器、动力系统控制模块(PCM)、继电器、风扇马达和保险丝等组成,如图7-7所示。

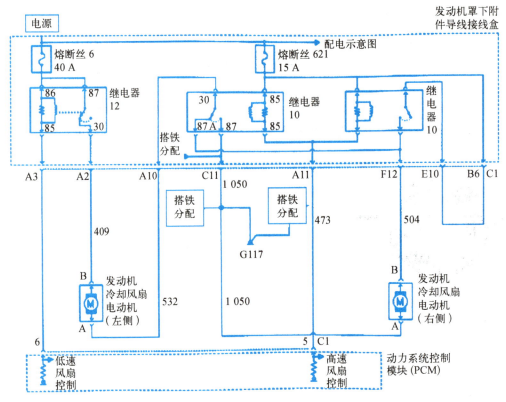

图7-7 电子风扇的电路

(三) 电子风扇的工作原理

1. 冷却风扇低速电路

在以下情况下,PCM控制散热器风扇低速运转:
(1) 冷却液温度超过106℃,小于110℃;
(2) 空调系统工作且周围温度超过50℃;
(3) 空调制冷剂压力大于1.2 MPa;
(4) 发动机熄火且冷却液温度超过140℃。

控制电路的电流流动路线为：熔断丝→继电器→左侧风扇→继电器常闭触点→右侧风扇→节点→搭铁点。

2. 冷却风扇高速电路

在下列情况下，PCM控制散热器风扇高速运转：

（1）发动机冷却液温度超过110℃；

（2）空调制冷剂压力大于1.67 MPa。

左侧风扇电流路径为：熔断丝→继电器→左侧风扇→继电器常开触点→节点→搭铁点。

右侧风扇电流路径为：熔断丝→继电器→右侧风扇→节点→搭铁点。

三、节温器

（一）节温器的作用

节温器用于控制通过散热器冷却水的流量，一般装在气缸盖出水口，通常用蜡式节温器。

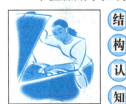

（二）节温器的结构

节温器主要由石蜡元件、阀门等组成，如图7-8所示。

（三）节温器的工作原理

常温时，石蜡呈固态，阀门压在阀座上，关闭通往散热器的水路，来自缸盖出水口的冷却水，经水泵流回气缸体水套中，进行小循环。当发动机水温升高时，石蜡逐渐变成液态，体积增大，迫使橡胶管收缩，对推杆上端产生推力。但推杆上端固定，反推力使橡胶管、感应体下移，阀门开启。水温达到80℃以上时，阀门全开，冷却水流向散热器，进行大循环。

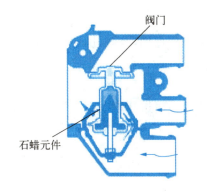

图7-8 蜡式节温器

四、水泵

（一）水泵的功用

水泵对冷却水加压，加速冷却水的循环流动，保证冷却可靠。

（二）水泵的结构认知

水泵由外壳、叶轮、泵盖板、水泵轴、支承轴承、水封、挡水圈等组成，如图7-9所示。水泵与风扇同轴，通过三角皮带传动。泵壳上有进水孔，用橡胶管与散热器出水管相连，泵盖上有出水孔，与水套相连。水泵轴由两个轴承支承在壳体上，轴上装有抛水圈，以防水封渗漏时浸湿轴承，渗出的水被抛水圈从检视孔甩出。水封由密封垫圈、水封皮碗和弹簧等组成,装在叶轮前面。

外壳 水泵轴 支承轴承 水封皮碗 挡水圈 叶轮

外壳

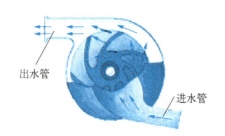
出水管 进水管

图 7-9 水泵的结构和工作原理

(三) 离心式水泵的工作原理

离心式水泵的工作原理如图 7-9 所示。

1. 压水

当叶轮旋转时,水泵中的水被叶轮带动一起旋转,由于离心力的作用,水被甩向叶轮边缘,经外壳上与叶轮成切线方向的出水管被压送到发动机水套内。

2. 吸水

在压水同时,叶轮中心处压力降低,散热器中的水便经进水管被吸进叶轮中心部分。

五、膨胀水箱

(一) 膨胀水箱的作用

膨胀水箱具有下列作用:

(1) 把冷却系变成永久性封闭系统,减少了冷却液的损失;

(2) 避免空气不断进入,避免了机件的氧化腐蚀;

(3) 减少了穴蚀;

(4) 使冷却系中水、蒸汽分离,保持系统内压力稳定,提高了水泵的泵水量。

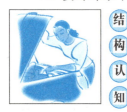
结构认知

(二) 膨胀水箱的结构

膨胀水箱多用半透明材料(如塑料)制成。上部用一个细软管与水箱加水管相连,底部通过水管与水泵的进水侧相连,位置略高于散热器,如图 7-10 所示。

(三) 膨胀水箱的原理

膨胀水箱的工作原理如图 7-10 所示。

图 7 - 10 膨胀水箱的结构和工作原理

（1）水泵吸水的一侧压力低，易产生蒸汽泡，出水量显著下降，且水泵叶轮、水套易穴蚀。加装膨胀水箱，与水泵进水口之间存在补充水管，使水泵进水口保持较高水压，减少蒸汽泡的产生。

（2）散热器和水套中的蒸汽泡通过蒸汽导管进入膨胀水箱，使水、蒸汽分离。膨胀水箱温度较低，进入的水蒸气得到冷凝，一部分变成液态水，重新进入水泵。积存在膨胀水箱液面上的气体起缓冲作用，使冷却系内压力保持稳定状态。

六、发动机冷却系的认知与拆装

工 作 页 13

冷却系的认知与拆装	班级		日期	
	姓名		成绩	

实训目标
1. 了解冷却系的总体构造。
2. 能熟练拆装水泵、散热器、节温器等零件。

实训主要设备
1. 桑塔纳发动机 3 台。
2. 一位教师带教 12 位学生，分成 3 组，严格按照下列步骤完成工作页。

实训步骤
  1. 冷却系基本结构的认知
（1）根据图 7 - 11 指认桑塔纳发动机冷却系各零件的名称。
  1）_____，2）_____，3）_____。

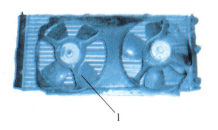 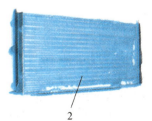 

图 7 - 11 冷却系各零件

(续　表)

(2) 发动机冷却系的作用是什么？叙述桑塔纳冷却大、小循环的走向。

_____

_____。

2. 散热器的拆装
(1) 散热器的拆卸。
1) 排放冷却液。
2) 松开冷却液管上的夹箍，拔下散热器的冷却液软管。
3) 拔下位于电控冷却风扇罩壳上的热敏开关插头，如图 7-12 所示。
4) 将双电控冷却风扇连同罩壳一起拆下。
5) 拆下散热器。
(2) 散热器的安装。
1) 安装散热器。
2) 安装双电控冷却风扇连同罩壳。
3) 连接电控冷却风扇罩壳上的热敏开关插头。
4) 连接冷却液软管。
5) 加注冷却液。

图 7-12　拆卸热敏开关插头

3. 冷却液的更换
(1) 排放冷却液。
1) 将冷暖风开关拨至"warm(热)"位置，将暖气阀全开。
2) 打开散热器盖。
3) 拆下夹箍，拉出冷却液软管，放出冷却液。用容器收集冷却液，以便以后使用。
(2) 添注冷却液。
1) 冷暖气开关拨到"warm(热)"位置，将暖气阀全开。
2) 添注冷却液至膨胀水箱上的最高点标记处。
3) 旋上散热器盖。
4) 使发动机运转至风扇转动。
5) 检查冷却液面，必要时补充冷却液至最高标记处。
4. 节温器的拆装
(1) 节温器的拆卸。
1) 使发动机前端位于维修工作台上。
2) 在点火开关切断的情况下，拔下蓄电池搭铁线。
3) 排放冷却液。
4) 拆卸 V 形带，拆卸发电机。
5) 从连接体上拆下冷却液管。
6) 松开螺栓，取出节温器盖、O 形密封圈和节温器。
(2) 节温器的安装。
1) 清洁 O 形密封圈的密封表面。
2) 安装节温器，节温器的感温部分必须在气缸体内。
3) 用冷却液浸湿新的 O 形密封圈。
4) 拧紧螺栓，安装发电机。
5) 加注冷却液。
5. 水泵的拆装
(1) 水泵的拆卸。
1) 把水泵壳体夹紧固定在夹具中或台虎钳上。
2) 拧松 V 形带轮紧固螺栓，拆下 V 形带轮。
3) 分解前盖与泵壳，注意分批拧松紧固螺栓。
4) 用拉具拆下 V 形带轮凸缘。再用拉具拆下水泵叶轮，注意防止损坏叶轮。
5) 压出水泵轴和轴承，并分解水泵轴与轴承。
6) 压出水封、油封。

（续　表）

7）放松水泵壳体，换位夹紧，拆下进水口接头的紧固螺栓，取下接管。
8）拆下密封圈，拆下节温器。
（2）水泵的安装。
1）装上节温器，装上密封圈。
2）装上进水口接头的紧固螺栓，并拧紧。
3）压入水封、油封。
4）压入水泵轴和轴承。
5）压入水泵叶轮，注意防止损坏叶轮。检查水泵叶轮与壳体的间隙，一般为 1 mm。
6）装上 V 形带轮。

项目八
发动机的解体与总装

活动一　发动机解体及总装基本流程

活动二　发动机的解体

活动三　发动机的总装

项目八　发动机的解体与总装

知识目标

1. 了解发动机曲柄连杆机构拆卸的要求。
2. 掌握发动机曲柄连杆机构拆卸的步骤。

能力目标

1. 能正确使用工具拆装曲柄连杆机构。
2. 能按照教材的顺序熟练拆装曲柄连杆机构。
3. 在拆装过程中能具有团队协作的精神。

拆装的基本要求

(1) 所有的机件、工具及周边场地均要保持干净。

(2) 拆前认真阅读维修说明书。

(3) 拆卸前要检查所有的安装记号是否清晰正确,记号不清者先作记号再拆卸。

(4) 拆下的零件,应检查其是否损坏,可继续使用者要摆放有序,用专用容器分隔存放须分组保存的零件。拆下的垫片和皮带应悬挂存放。

(5) 所有的一次性件,在没有备件的情况下避免拆卸。

(6) 不许互换的零件,应做好装配记号。

(7) 在组装前,所有运动件配合表面应涂上机油。

(8) 按规定使用专用工具。

(9) 要按规定顺序和力矩拧紧螺纹件。各螺栓装回原螺孔,要确保粗牙与细牙不得混用。长螺栓不得拧入短螺纹,反之亦然,要保证各螺栓的平垫及弹簧垫无漏装。

活动一　发动机解体及总装基本流程

发动机整机解体及总装多发生于发动机大修,其基本流程如图 8-1 所示。

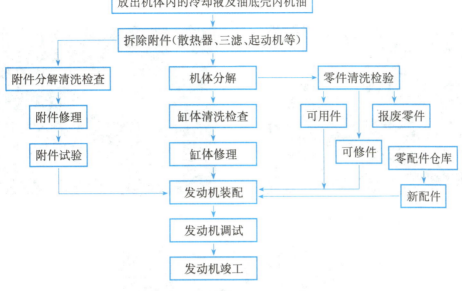

图 8-1 发动机解体及总装基本流程

活动二 发动机的解体

发动机的解体步骤如下：

(1) 将发动机可靠装到发动机拆装架上。

(2) 卸下气门室盖和机油防溅板按顺序拧松气缸盖螺栓（从两端向中间分次、交叉拧松），取下气缸盖和气缸垫，如图 8-2 所示。

(3) 将发动机倒置，拧松油底壳螺栓，卸下油底壳，如图 8-3 所示。

(4) 卸下机油泵和集滤器总成，如图 8-4 所示。

(5) 转动曲轴，将 1,4 缸活塞摇到下止点，拆卸 1,4 缸连杆螺母，取下连杆轴承盖，并按顺序

图 8-2 拆卸机油反射罩和气缸盖

放好。用手锤木柄推出活塞连杆组,如图 8-5 所示。

图 8-3 拆卸油底壳

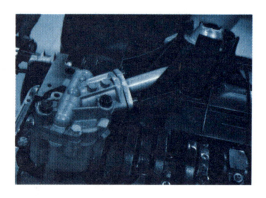

图 8-4 卸下机油泵和集滤器总成

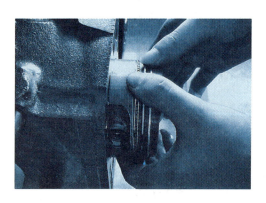

图 8-5 拆卸活塞连杆组

 注意　不要硬撬、硬敲,以免损伤气缸。取出活塞连杆组后,应将连杆轴承盖、螺栓、螺母按原缸位组装。活塞、连杆和连杆轴承盖上打上对应缸号。

转动曲轴,将 2,3 缸活塞摇到下止点,拆下 2,3 缸活塞连杆组。
(5) 拆卸曲轴前后端盖,如图 8-6 所示。

图 8-6 拆卸曲轴前后端盖

(6) 拆卸飞轮,如图 8-7 所示。
(7) 拆卸主轴承盖,按顺序作好安装记号,抬下曲轴,如图 8-8 所示。

图8-7 拆卸飞轮　　　　图8-8 拆卸主轴承盖

活动三　发动机的总装

发动机总装步骤如下：

总装前确定机油泵、燃油泵、空气滤清器、燃油滤清器、机油滤清器等总成件性能良好，零件清洁，机体管道畅通。

1. 安装曲轴

（1）在每一道曲轴主轴承上涂上机油。

（2）在曲轴主轴颈上涂上机油

（3）将曲轴安装在缸体上。在第三道主轴颈两侧安装定位半圆止推垫片，其开口必须朝向曲轴。定位半圆止推垫片装于轴承盖上，如图8-9所示。

图8-9 安装曲轴和主轴承

注意

轴承盖按1～5序号安装，不得错装。有油槽的1,2,3,5道曲轴瓦装在缸体上，无油槽的轴瓦装在瓦盖上。第4道两片轴瓦均有油槽。从中间轴承盖向两边分次紧固主轴瓦螺栓。

(4) 每用 65 N·m 力矩紧固一道曲轴轴承盖螺栓后,需转动曲轴,判断曲轴是否转动灵活。

(5) 用 65 N·m 力矩紧固所有曲轴轴承盖螺栓。

(6) 用百分表测量曲轴的轴向间隙,轴向间隙应在 0.03～0.08 mm 之间,最大值为 0.17 mm。

2. 安装活塞连杆组。

(1) 转动曲轴到 1～4 缸下止点,转动气缸体至水平位置,在气缸壁上涂上机油。注意连杆与活塞的安装记号对应。安装记号应朝向发动机前方。

(2) 安装活塞环时,其开口应错开 120°。油环的上刮片与下刮片交错 180°。活塞环上打有标记的一面必须朝向活塞顶部,活塞上的箭头方向应朝向发动机前方,如图 8-10 所示。

图 8-10 安装活塞连杆组

(3) 用活塞环夹箍夹住活塞环,用木榔头柄将活塞连杆组推入气缸。装上连杆盖和轴承,将连杆螺母分次拧到 30 N·m 后,再拧转 180°。

(4) 同上安装 2,3 缸活塞。

3. 安装曲轴后端盖、曲轴前端盖,如图 8-11 所示。

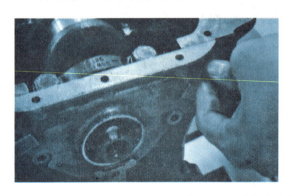

图 8-11 安装曲轴前、后端盖

注意 应在油封外圈和唇边上涂上一层薄机油,用 20 N·m 力矩紧固所有螺栓。

4. 安装机油泵,如图 8-12 所示,拧紧力矩 20 N·m。

图 8-12 安装机油泵

图 8-13 安装油底壳、密封垫

5. 安装油底壳、密封垫,如图 8-13 所示。用 20 N·m 的力矩拧紧油底壳螺钉。

6. 安装飞轮,分次对角拧紧飞轮螺栓,力矩 80 N·m。

7. 安装曲轴正时齿轮,用 200 N·m 的力矩拧紧正时齿轮螺母,如图 8-14 所示。

8. 安装气缸盖

(1) 安装气缸垫,注意安装方向。安装气缸盖,分 4 次由中间向四周,对角交叉拧紧缸盖螺栓。第一次拧紧力矩为 40 N·m;第二次拧紧力矩为 60 N·m;第三次拧紧力矩为 75 N·m;第四次再转 90°,如图 8-15 所示。

(2) 在凸轮上涂上机油。

(3) 转动第一缸凸轮使凸起向上。

图 8-14 安装曲轴正时齿轮

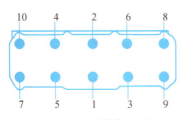

图 8-15 安装气缸盖

图 8-16 安装气门室盖

(4) 安装密封圈、气门室床垫、油封、挡油块。

(5) 安装气门室盖,如图 8-16 所示,螺栓拧紧力矩为 10 N·m。

项目九
发动机电控系统的结构与认知

活动一　电控发动机的总体结构

活动二　电控发动机 ECU 的结构与电路图识读

活动三　传感器

活动四　电控发动机的认知与拆装

项目九　发动机电控系统的结构与认知

知识目标
1. 知道电控发动机的基本结构。
2. 知道电控发动机与各传感器、执行机构的电路连接。
3. 知道各传感器的结构和工作原理。

能力目标
1. 能准确指认电控发动机各传感器、执行机构的位置。
2. 规范拆装各传感器。
3. 能根据电路图,在发动机上找出各传感器的电路走向。

活动一　电控发动机的总体结构

随着科学技术的不断发展,现代汽车的发动机已经采用电控技术,以满足发动机安全、环保、节能的需要。

一、电控发动机与传统发动机的区别

众所周知,传统发动机有两大机构、五大系组成,而电控发动机是在传统发动机的基础上对燃料供给系、点火系进行电子控制,为了达到环保要求,还增设了排放控制系,如图 9-1 所示。

图 9-1　电控发动机与传统发动机的区别

(一) 电子控制喷油装置

在现代汽车上,机械式或机电混合式燃油喷射系统已趋于淘汰,电控燃油喷射装置因其性能优越而日益普及。电子喷油装置可以自动保证发动机始终工作在最佳状态,使其在输出一定功率的条件下最大限度地节油并减少排气污染。经过实验并修正得到发动机最佳工况时的供油控

制规律,事先把这些客观规律编成程序存在电脑的存储器中,当发动机工作时,根据各传感器测得的空气流量、排气管中含氧量、进气温度、发动机转速及工作温度等参数,由预先编好的运算程序进行运算,然后和内存中的最佳工况的参数进行比较和判断再调整供油量,使发动机在各工况均处于最优工作状态,从而使发动机的综合性能大大提高。

(二)电子点火装置

电子点火装置可根据传感器送来的发动机各种参数进行运算、判断,然后进行点火时刻的调节,这样可以节约燃料,减少空气污染。

(三)排放控制

在发动机排放的控制装置包括三元催化器、废气再循环(EGR)、炭罐控制、曲轴箱强制通风(PCV)阀、二次空气喷射。

(四)系统自我诊断装置

系统自我诊断装置可以诊断出发动机的电路故障。

二、发动机电控系统的基本结构

发动机电控系统主要由传感器、电子控制单元(ECU)和执行机构组成。以别克发动机为例。

(一)传感器

电控发动机所使用的传感器大致有以下 10 种:

1. 进气管压力传感器

此传感器安装在发动机点火线圈一侧的进气歧管上,如图 9-2 所示。

2. 空气流量传感器

该装置安装在空气滤清器的通道内,如图 9-3 所示。

图 9-2 进气管压力传感器的安装位置

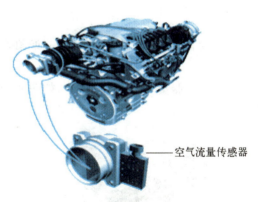

图 9-3 空气流量传感器的安装位置

3. 发动机转速传感器

(1) 7X 传感器:安装在曲轴箱的右侧,如图 9-4 所示。

(2) 24X 传感器:安装在发动机的前端,如图 9-5 所示。

4. 第一缸位置传感器(凸轮轴位置传感器)

此传感器安装在气缸盖前端,如图 9-6 所示。

图9-4 7X传感器的安装位置

图9-5 24X传感器的安装位置

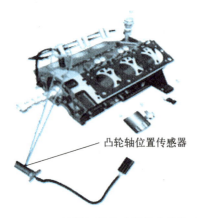

图9-6 凸轮轴位置传感器的安装位置

图9-7 发动机冷却水温度传感器的安装位置

5. 发动机冷却水温度传感器

该传感器安装在气缸盖的前端，如图9-7所示。

6. 节气门位置传感器

该传感器安装在节气门体上，如图9-8所示。

图9-8 节气门位置传感器的安装位置

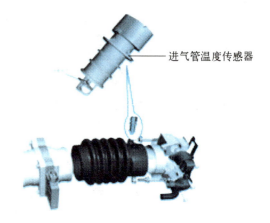

图9-9 进气管温度传感器的安装位置

7. 进气管温度传感器

此传感器安装在进气道上,如图 9-9 所示。

8. 大气压力传感器

可以用进气管压力传感器代替大气压力传感器。

9. 爆震传感器

此传感器安装在气缸体的右侧,如图 9-10 所示。

图 9-10 爆震传感器的安装位置

图 9-11 氧传感器的安装位置

10. 氧传感器

氧传感器安装在排气歧管上,如图 9-11 所示。

(二) ECU

ECU 安装在空气滤清器定位格内,如图 9-12 所示。

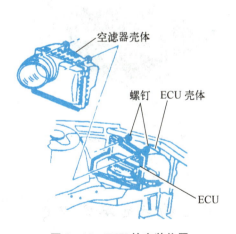

图 9-12 ECU 的安装位置

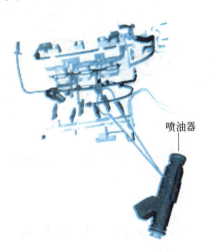

图 9-13 喷油器的安装位置

(三) 执行机构

电控发动机所使用的执行机构大致有以下 4 个:

1. 喷油器

喷油器安装在气缸盖上,如图 9-13 所示。

2. 怠速马达

怠速马达安装在节气门体上,如图 9-14 所示。

3. 炭罐电磁阀

此电磁阀安装在节气门旁边,如图 9-15 所示。

4. EGR 阀

EGR 阀安装在节气门旁边,如图 9-16 所示。

图 9-14 怠速马达的安装位置

图 9-15 炭罐电磁阀的安装位置

图 9-16 EGR 阀的安装位置

活动二 电控发动机 ECU 的结构与电路图识读

电控发动机的 ECU 是发动机的大脑,它接收并处理各传感器的信号,然后向各执行机构发出工作信号。

目前,ECU 用数以百计的导线与传感器、执行机构连接,所以掌握 ECU 与其他电子设备的接线就能有效了解电控发动机的工作。

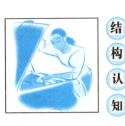

一、ECU 的结构（别克发动机）

别克发动机的 ECU 有 C1,C2 两排接口,每排接口有 80 个脚,如图 9-17 所示。

C1 接口：

C2 接口：

图 9-17 计算机的接口

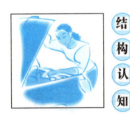

二、识读（别克）发动机电路图

别克发动机的电路图有 4 张,如图 9-18～9-21 所示。电路图的识读方法如下（以进气管压力传感器为例）：

(1) 在图上找出进气管压力传感器,它在图 9-20 的右下角第二个。

(2) 从图上看出它有 3 个脚。

(3) 查找每个脚与计算机插口的连接。

① A 脚：A 脚→3 号图纸的 23 连接点→2 号图纸的 23 连接点→2 号图纸的 6 连接点→1 号图纸的 6 连接点→C1♯13 脚。说明 A 脚为该传感器的接地脚。

② B 脚：B 脚→3 号图纸的 11 连接点→4 号图纸的 11 连接点→C1♯25 脚。说明 B 脚为该传感器的信号线脚。

③ C 脚：C 脚→3 号图纸的 13 连接点→2 号图纸的 13 连接点→2 号图纸的 21 连接点→1 号图纸的 21 连接点→C1♯10 脚。说明 C 脚为该传感器的 5 V 基准线脚。

活动三　传　感　器

人有眼睛、耳朵、鼻子等感觉器官,把看到的、听到的、闻到的信号送入大脑,大脑将这些信号进行处理,控制手、脚等执行器官的运动。传感器就像人的眼睛、耳朵、鼻子,将发动机各信号送入 ECU 进行处理,控制执行机构的运行。所以,了解传感器的结构和工作原理是学习电控发动机的基础。

一、发动机转速传感器

（一）作用

发动机转速传感器（又称曲轴位置传感器）是发动机控制系统中最重要的传感器之一。它可提供发动机的曲轴转角位置、活塞行程的位置信号及转速信号,以此确定发动机的基本喷油时刻、点火提前角及喷油正时。

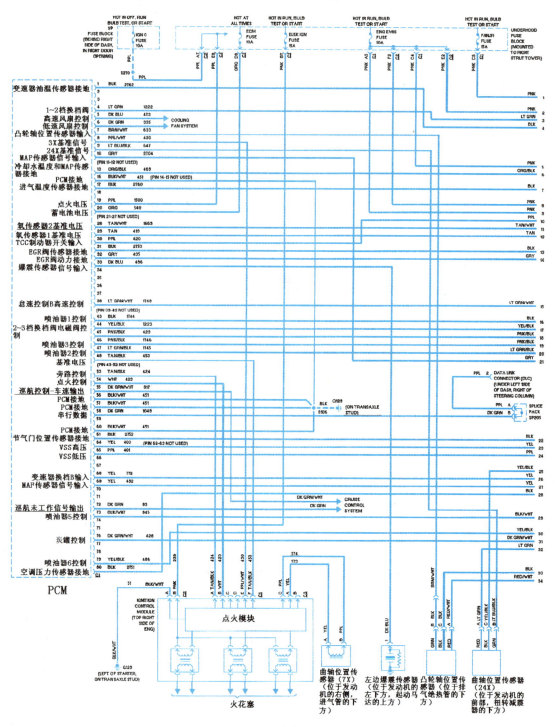

图 9-18 电路图(1)

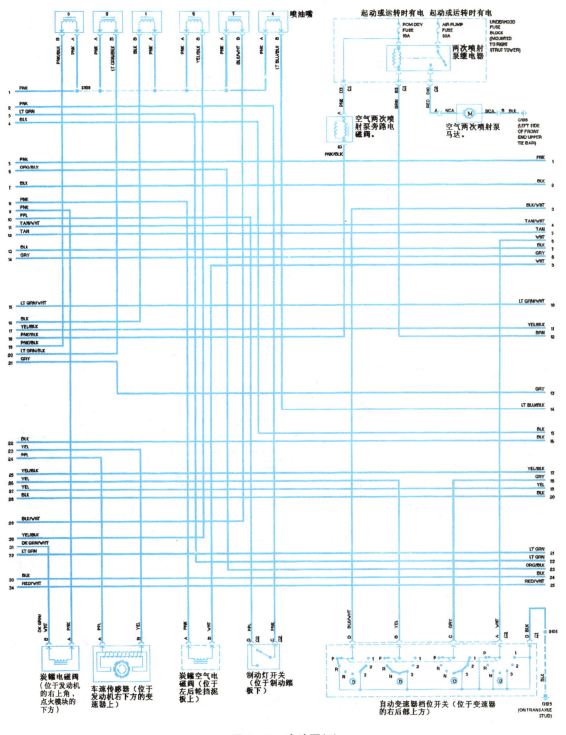

图 9-19 电路图(2)

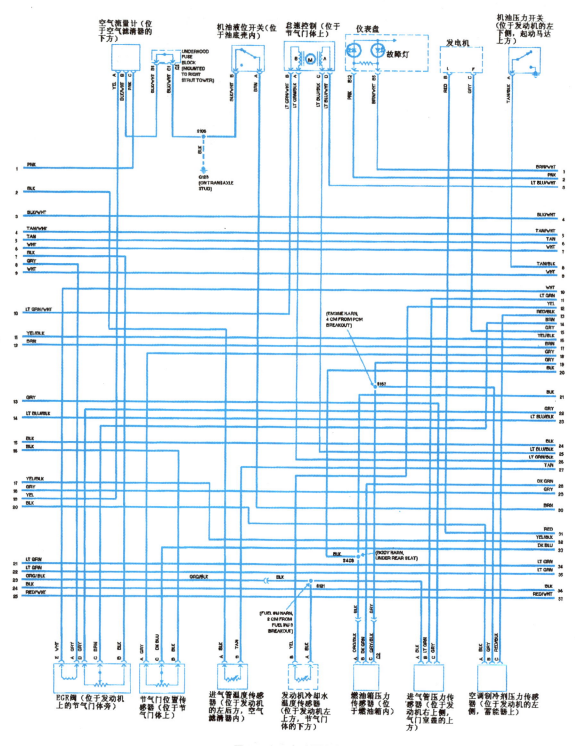

图 9-20 电路图(3)

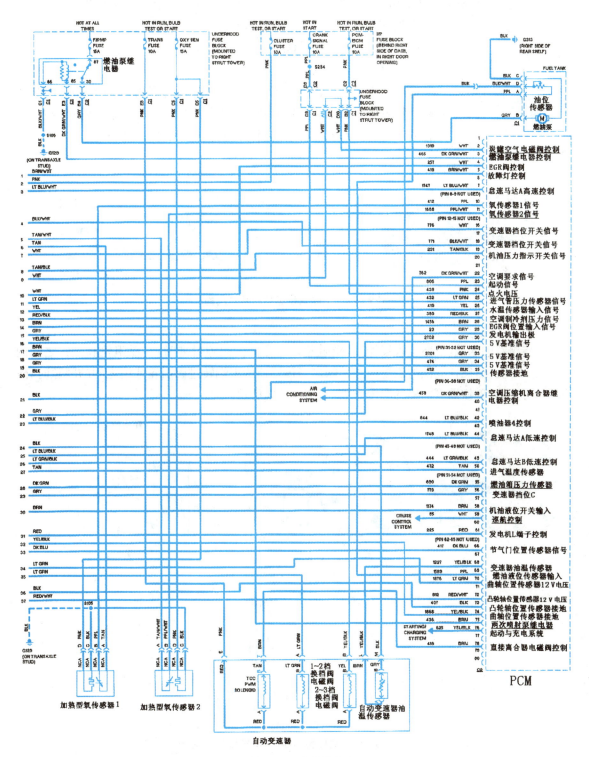

图 9-21 电路图(4)

(二) 基本类型

发动机转速传感器分为光电式、电磁式、霍尔式3大类型。由于电磁式、霍尔式传感器抗污能力强、高速时信号识别能力强，因此在汽车上得到广泛应用。

(三) 可变磁阻传感器(电磁式)的基本结构与工作原理

1. 基本结构

电磁感应发动机转速传感器也称可变磁阻传感器，它由磁感应收集器和磁阻轮组成。磁感应收集器中心处有块磁铁，磁铁末端有线圈围绕。磁阻轮的四周有牙齿或有特定的间隙的沟槽，如图9-22所示。

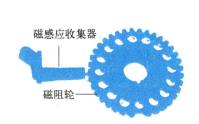 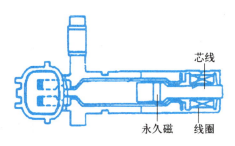

图9-22 电磁式传感器的基本结构

2. 工作原理

当传感器的末端(磁感应收集器)和磁阻轮牙齿之间的间隙对准时，在磁阻轮和磁铁之间的磁场发生了变化，磁铁周围的磁场向外扩张。当传感器的末端转过磁阻轮牙齿之间的间隙时，磁场又发生变化，磁铁周围的磁场向内收缩，如图9-23所示。

  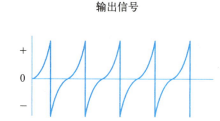

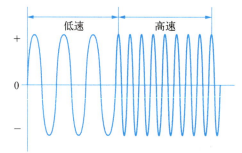

图9-23 可变磁阻传感器(电磁式)的工作原理

当磁场发生扩张和收缩时，磁阻发生了变化，它切割传感器末端线圈的磁力线，从而感应出一个交流电压，即输出的是模拟信号，如图9-23所示。当磁阻轮通过传感器的速度发生变化时,交流电的频率也发生变化,计算机通过测量频率的大小来决定元件运行的速度。

(四)霍尔效应传感器

1. 相关知识点

霍尔效应是指,当电流通过导体时,通电导体暴露在垂直于电流方向的磁场内,导体的边缘上会产生一个电压。霍尔元件是一片很小的半导体金属片,四周有4个电线的接头,一个是电源的输入接头,对面是接地接头。另外两个垂直的接头是两个监视霍尔电压的接头,如图9-24所示。但实际上我们看到的霍尔元件为3个接头,因为它共用接地线。

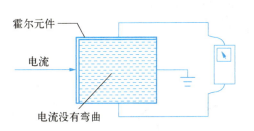
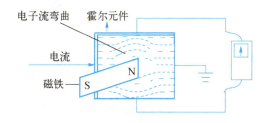

图 9-24 霍尔原理 1

永磁体的磁场接近霍尔元件,为了干扰磁场,在永磁体和霍尔元件之间安装一金属片。当干扰体(钢片)位于永磁体和霍尔元件之间时,磁场收缩,不干扰霍尔元件,无电压输出,如图9-25(a)所示。当干扰体不在永磁体和霍尔之间时,磁场扩张,干扰霍尔元件,有电压输出,如图9-25(b)所示。

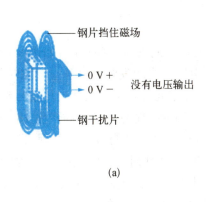
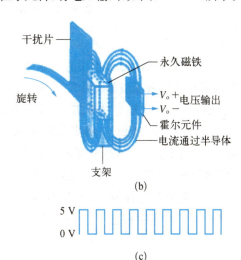

图 9-25 霍尔原理 2

霍尔效应传感器能产生一个很清晰的方波信号,见图9-25(c)或者一个数字信号传给微型处理器。

2. 结构

美国GM公司的霍尔式曲轴位置传感器的结构如图9-26所示。传感器安装在曲轴前端,采用触发叶片的结构形式。在发动机曲轴皮带轮前端固装着内外两个带触发叶片的触发叶轮,与曲轴一起旋转。外触发叶轮外缘上均匀分布着18个触发叶片和18个窗口,每个触发叶片和窗口的宽度均为10°弧长;内触发叶轮外缘上,设有3个触发叶片和3个窗口,3个触发叶片的宽度不同,分别为100°,90°和110°弧长,3个窗口的宽度亦不同,分别为20°,30°和10°弧长。由于内触发叶轮安装位置的关系,宽度为100°弧长的触发叶片前边沿位于压缩行程一、四缸上止点前75°,90°弧长的触发叶片前边沿在六、三缸压缩行程上止点前75°,110°弧长的触发叶片前边沿在五、二缸压缩行程上止点前75°。

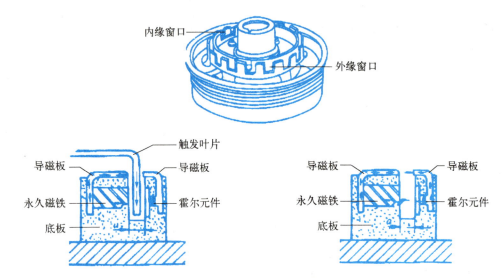

图9-26 发动机霍尔式传感器的结构

3. 工作原理

当触发叶轮转动时,每当叶片进入永久磁铁与霍尔元件之间的空气隙中时,如图9-27所示,由于霍尔元件的磁场被触发叶片屏蔽,因此没有霍尔电压。当触发叶片离开空气隙时,自永久磁铁的磁场通过导磁板穿过霍尔元件,产生霍尔电压。霍尔元件产生的霍尔电压信号经霍尔集成电路放大整形后,向ECU输出曲轴转角位置信号。外触发叶轮每旋转一周产生18个脉冲信号,称为18X信号。一个脉冲周期对应20°曲轴转角,ECU对18X信号进行处理,即可求得曲轴1°转角信号。ECU可根据曲轴1°转角信号精确控制点火时刻。内触发叶轮每旋转一周产生3个不同宽度的电压脉冲信号,称为3X信号。脉冲信号上升边沿分别相对于一、四缸,三、六缸和二、五缸压缩行程上止点前75°,可用于ECU判别当前点火的气缸和计算点火时刻的基准信号。

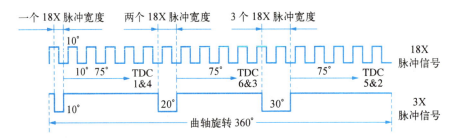

图9-27 18X传感器的信号

(五)别克发动机转速传感器的线路连接

(1) 曲轴位置传感器共有3个脚,如图9-28(a)所示,其含义如下:

① A：12 V点火线；

② B：传感器的信号线；

③ C：传感器搭铁线。

(2) 发动机转速传感器与PCM的连接：

① A插口通过线束与PCMC2♯70插口连接,如图9-28(b)所示；

② B插口通过线束与PCMC1♯9插口连接；

③ C插口通过线束与PCMC2♯74插口连接。

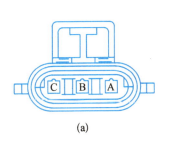 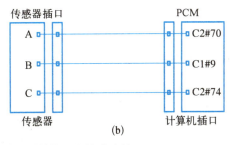

图9-28 发动机转速传感器的接口和线路连接

二、空气流量计

(一)发动机空气流量计的作用

为了使发动机达到最大的动力性、最佳的经济性,并且严格地控制排放,要求发动机能精确地控制空燃比。所以,将进入发动机空气量的信号传给计算机,计算机才能决定向发动机喷入一定数量的燃油。目前有两种测量进入发动机空气量的方法：浓度/速度的测量方法和质量/流量的测量方法。

(二)空气流量计(MAF)的类型

1. 叶片式空气流量传感器

(1) 叶片式空气流量传感器的结构

叶片式空气流量传感器的结构如图9-29所示,由主叶片、副叶片和电位计等组成。

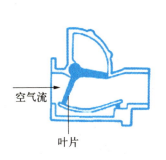 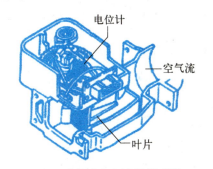 

图9-29 叶片式空气流量传感器

电位器上有3个电极,固定电阻的正、负极接在外边的两个电极上,和滑片相连的是中间的电极。固定电阻连接着从分压器出来的参考电压,传感器从滑片极向外提供可变电阻值。计算机接收滑片臂移动而造成的电压降值。

(2) 叶片式空气流量传感器的工作原理

如图9-30所示,叶片式空气流量传感器的工作原理是,空气通过叶片时,空气在叶片上施加一个作用力,将叶片打开。弹簧力和打开的作用力相反。空气的流量增加时,施加在叶片的作用力将加大,叶片开度也增加。叶片的移动改变了壳体上的电位计的电压信号的大小。发动机控制单元利用这个电压信号,计算进入发动机空气的量。副叶片对主叶片的移动起缓冲的作用,防止进气管进入空气量的变化而造成的脉冲作用。

图9-30 叶片式空气流量传感器的工作原理

叶片式空气流量计只能测量进气体积流量,而不能测量进气的质量,所以它需要进气温度传感器和大气压力传感器进行补偿。

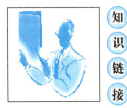

2. 热线和热膜式传感器

(1) 惠斯通电桥的工作原理

如图9-31所示,惠斯通电桥是由4个电阻组成,两对串联电阻再进行并联,并联电路的两端和电源的正极和接地极连接,串联电路的交接处引出两个输出电极。当所有电阻的电阻值相等时,通过电阻的电压降相等,在两个输出端之间没有电位差,电桥平衡。当一个电阻的电阻值发生变化时,电桥不再平衡,通过串联电阻的电压降发生变化,串联电路的交接处产生了电位差,两个输出端有电位差。

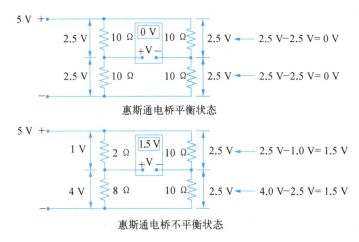

图9-31 惠斯通电桥的工作原理

（2）热线和热膜式传感器的结构

一根铂丝或一个加热膜片作为传感元件,在传感器的内部有根直径很小的采样导向管,直接将空气引入热敏电阻和加热元件,如图9-32所示。控制模块控制流过加热元件的电流。

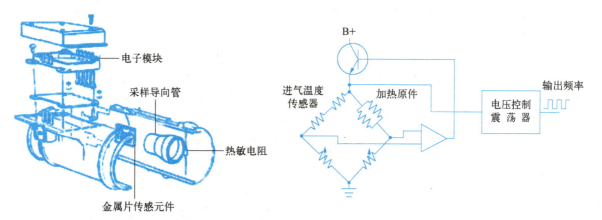

图9-32 热线和热膜式传感器的结构　　图9-33 热线和热膜式传感器的工作原理

3. 热线和热膜式传感器的工作原理

传感器安装在进气管的节气门前,如图9-33所示。当没有空气流过热线或热膜时,加热元件的电阻值和其他电阻的电阻值相等,电桥平衡。当空气通过加热元件后,流过的空气流量越大,热量的损失越多,空气温度越低,损失的热量越多,热线或热膜就越冷。这样,改变了电阻值的大小,造成电桥不平衡,两个输出端有一个电压差,反馈控制通过导线的电流,使导线温度升高,保持它原先设定的温度。

电路系统内的电压控制振荡器监视电流的大小,使加热导线保持在电桥的平衡温度上,并产生一个通过加热元件流过空气量多少的电信号,这个信号通常是变化的频率信号。

为了使传感器的加热温度能根据环境的温度来自行调整,用一个热敏电阻(进气温度传感器)测量进入空气的温度。起动发动机前,将点火钥匙开到ON档,控制模块会读取进气管的温度,加热元件将温度加热到进气管的温度之上的设定温度。

（三）别克发动机空气流量转速传感器的线路连接

（1）空气流量计共有3个接口,如图9-34所示：

① A：传感器的信号线；

② B：传感器搭铁线；

③ C：12 V点火线。

（2）空气流量计只有A插口通过线束与PCMC1#69插口连接,如图9-34所示。

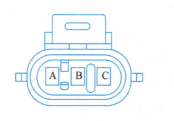
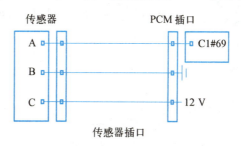

图9-34 空气流量计接口和连接

三、进气管压力传感器

(一) 进气管压力传感器(MAP)的作用与类型

1. 进气管压力传感器的作用

MAP 传感器的作用是测量进气管内气体压力的变化,ECU 根据此信号识别发动机负荷信息,来计算发动机供油和点火的要求。

进气管压力和进气管真空度正好相反。当进气管压力低时,进气管的真空度高(在怠速时)。当节气门开大时,进气管压力高,进气管的真空度低。当发动机不工作时,进气管的压力为大气压力。

2. 进气管压力传感器的类型

目前在汽车上使用的 MAP 传感器有电容式和压敏电阻式两种。

(二) 进气管压力传感器的结构和工作原理

1. 电容式进气管压力传感器

(1) 电容式进气管压力传感器的结构

电容膜盒式进气歧管压力传感器(简称电容式进气管压力传感器)由两片用绝缘垫圈隔开的氧化铝片组成,如图 9-35 所示。在氧化铝片的内表面贴有两片极薄的硅片,分别与一根引线相连。氧化铝片和绝缘垫圈构成中部有个真空腔的膜盒。该膜盒装在与进气管相通的容器内。

图 9-35 电容式进气管压力传感器的结构和工作原理

图 9-35 左边的是进气管绝对压力传感器,右边是进气管差动压力传感器。

(2) 电容式进气管压力传感器的工作原理

当进气歧管压力发生变化时,氧化铝片弯曲变形,使硅片间的距离随之改变,从而引起电容量的变化。这时,通过信号处理,电控单元便可测得进气歧管的压力。

2. 压敏电阻式进气管压力传感器

(1) 压敏电阻式进气管压力传感器的结构

半导体薄片覆盖在腔体上,很像电容式传感器,半导体分散在内,连接着 4 个串联、并联的电阻,像惠斯通电桥一样,如图 9-36 所示。

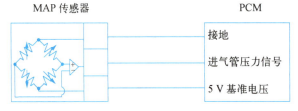

图 9-36 压敏电阻式进气管压力传感器的结构

（2）压敏电阻式进气管压力传感器的工作原理

参考电压和接地极在传感器膜片的输入端内，其余两个端口输出电压差。膜片的弯曲将造成电阻变化，引起电桥不平衡，输出端有电位差产生，如图9-37所示。

图9-37 压敏电阻式进气管压力传感器的工作原理

（三）别克发动机进气管压力传感器的线路连接

(1) 进气管压力传感器共有3个接口，如图9-38所示，它们的含义如下：

① A：传感器搭铁线；

② B：传感器的信号线；

③ C：5 V基准电压线。

(2) 发动机进气管压力传感器与PCM的连接如下：

① A 插口通过线束与 PCMC1#13 插口连接，如图9-38所示；

② B 插口通过线束与 PCMC2#25 插口连接；

③ C 插口通过线束与 PCMC1#10 插口连接。

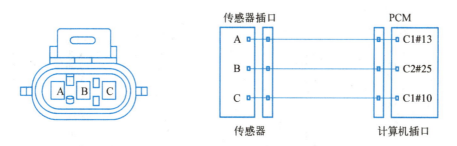

图9-38 进气管压力传感器的接口与连接

四、温度传感器

（一）温度传感器的作用

温度传感器是用来监视各种液体、空气和元件的温度的。

汽车中使用的温度传感器通常是一个热敏电阻，它能根据温度的变化改变其电阻值。热敏电阻可能随着温度的升高，增加或减少电阻值。随着温度的升高而电阻值升高的热敏电阻叫PTC热敏电阻；随着温度的升高而电阻值降低的热敏电阻叫NTC热敏电阻。

目前汽车上大多使用的是NTC热敏电阻，它随着温度的升高而电阻值降低，流过电阻的电压下降,如图 9-39 所示。

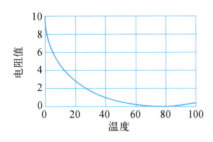

图 9-39　NTC 热敏电阻的电阻特性

(二) NTC 温度传感器的工作原理

NTC 温度传感器在温度变化时,电阻值不呈线性变化。温度传感器的电路有时采用双重范围的方法。双重范围的方法使传感器即使在温度很高的时候也能感觉微小的温度变化,提高了测量的精度。

在电路中一个 10 000 Ω 的电阻限制流过热敏电阻的电流。当电压达到 1.25 V 时,晶体管控制开关将 1 000 Ω 的电阻并联到 10 000 Ω 的电阻上,总电阻值为 909 Ω,减少通过这一对电阻的电压降,同时会增加通过热敏电阻的电压降,如图 9-40 所示。

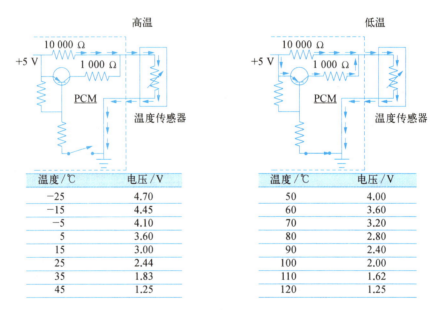

温度/℃	电压/V
−25	4.70
−15	4.45
−5	4.10
5	3.60
15	3.00
25	2.44
35	1.83
45	1.25

温度/℃	电压/V
50	4.00
60	3.60
70	3.20
80	2.80
90	2.40
100	2.00
110	1.62
120	1.25

图 9-40　温度传感器的工作原理

(三) 冷却液温度传感器的作用

冷却液温度传感器一般安装在发动机缸体、缸盖的水套或节温器内,并伸入水箱中,用于检测发动机冷却液温度,并将其温度信号输入给 ECU,发动机冷却液温度传感器为燃油喷射和点火,控制冷却风扇的运行、变速器的换档提供信号。

(四) 进气管温度传感器的作用

进气管温度传感器的作用是检测发动机吸入空气的温度。在 L 形电子控制燃油喷射装置上,它安装在空气流量传感器内。在 D 形电子控制燃油喷射装置上,它安装在空气滤清器的外壳上或稳压罐内。

由于温度影响进入进气管空气的浓度,造成进入气缸空气的浓度发生变化。PCM 必须改变喷油器的脉冲宽度和点火的时刻来补偿温度的影响。进气管温度传感器直接监视进入空气的温度,同时测量节气门体的温度,将进入的空气温度控制在一定的范围内。

(五)别克发动机水温传感器的线路连接

(1)水温传感器共有两个接口,如图 9-41 所示:

① A:传感器搭铁线;

② B:传感器的信号线。

(2)发动机水温传感器与 PCM 的连接如下:

① A 插口通过线束与 PCMC1#13 插口连接,如图 9-41 所示;

② B 插口通过线束与 PCMC2#26 插口连接。

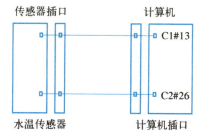

图 9-41 水温传感器的线路连接

(六)别克发动机进气管温度传感器的线路连接

(1)进气管温度传感器共有两个接口,如图 9-42 所示:

① A:传感器搭铁线;

② B:传感器的信号线。

(2)进气管温度传感器与 PCM 的连接如下:

① A 插口通过线束与 PCMC1#17 插口连接,如图 9-42 所示;

② B 插口通过线束与 PCMC2#50 插口连接。

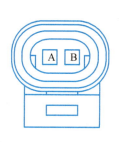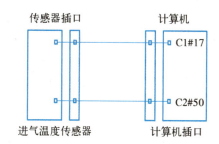

图 9-42 进气温度传感器的线路连接

五、节气门位置传感器

(一)节气门位置传感器的作用

节气门位置传感器的作用是将节气门位置的信号传给 PCM,然后将它转变为节气门的角

度。计算机根据此参数控制:

(1) 决定发动机的开环和闭环运行;

(2) 在怠速时,PCM 控制怠速的速度,并且关闭炭罐和 EGR 阀;

(3) 节气门全开的时候,PCM 会使发动机在开环的情况下运行,传递最大量的燃油;

(4) 加速的时候,PCM 监视节气门位置的变化(观察混合气的情况),供给额外的燃油;

(5) 减速的时候,PCM 监视节气门位置的变化(观察混合气的情况),切断燃油的供给,减少 HC 和 CO 的排放,提高燃油的经济性。

(二) 节气门位置传感器的结构与工作原理

在燃油喷射系统中使用两种形式节气门位置传感器,比较常用的是可变电阻式,还有一种是开关式。

1. 可变电阻式(TPS)的结构

可变电阻式传感器中电位计位于节气门体上,它的运动依靠节气门阀轴,如图 9-43 所示。

图 9-43 可变电阻式(TPS)的结构

图 9-44 可变电阻式(TPS)的工作原理

2. 可变电阻式(TPS)的工作原理

当节气门关闭时,通过传感器的电压降大约是 1 V。当节气门全开时,电压降大约是 4.5 V。电压信号的变化和节气门的位置有关,怠速位置电压大约是 0.5 V,节气门全开时的电压大约是 4.5 V,如图 9-44 所示。

(三) 节气门位置传感器的线路连接

(1) 节气门位置传感器 3 个接口的含义,如图 9-45 所示:

① A: 5 V 信号线;

② B: 传感器搭铁线;

③ C: 传感器的信号线。

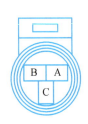
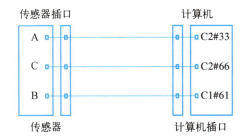

图 9-45 节气门位置传感器接口的含义

(2) 在米切尔光盘上节气门位置传感器的连接如下：

① A 插口通过线束与 PCMC2♯33 插口连接，如图 9-45 所示；

② B 插口通过线束与 PCMC1♯61 插口连接；

③ C 插口通过线束与 PCMC2♯66 插口连接。

六、氧传感器

(一) 氧传感器的作用

氧传感器测量废气中氧的含量，将信息传给计算机，由计算机精确计算空燃比。

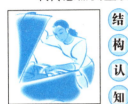

(二) 氧传感器的类型和工作原理

有两种类型的氧传感器：二氧化锆氧传感器和氧化钛氧传感器。

1. 二氧化锆氧传感器

目前使用较多的是二氧化锆氧传感器。它的工作温度为 350℃ (662℉)。它用于监视燃烧和催化器的效率。当锆感应件两边的含氧量不相等时，传感器会产生一个电压信号。

(1) 二氧化锆氧传感器的结构

二氧化锆氧传感器的基本元件是专用陶瓷体，即二氧化锆体（固体电解质），如图 9-46 所示。陶瓷体制成管状，亦称锆管，固定在带有安装螺纹的固定套中，锆管表面装有透气的铂电极，并配有护管及电接头，其内表面与大气相通，外表面与废气相通，并且在其外表面还加装了一个防护套管，套管上开有通气槽。

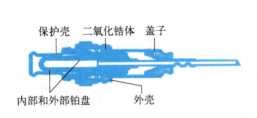 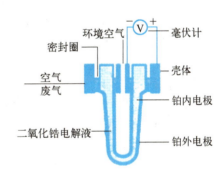

图 9-46 二氧化锆氧传感器的结构

(2) 二氧化锆氧传感器的工作原理

锆管的陶瓷体是多孔的，允许氧渗入该固体电解质内，温度较高时（高于 300℃），氧气发生电离，如果在陶瓷体内（大气）外（废气）侧的氧气浓度不同，就会在两个铂电极表面产生电压降，如图 9-46 所示。含氧量高的一侧为高电位。当混合气稀时，排气中所含氧多，两侧浓度小，只产生小的电压；反之，当混合气浓时，产生较高的电压，传感器的电压输出特性如图 9-47 所示。根据所测电压值就可以测量氧传感器外表面氧气含量，而发动机废气排放中的氧含量主要取决于混合气的空

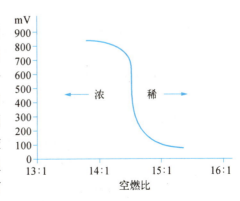

图 9-47 二氧化锆氧传感器的工作原理

燃比。

当废气中含有2%的氧气时,说明此时空燃比为14.7∶1,输出电压为0.45 V。浓的混合气即含氧量少,传感器输出电压大于0.45 V,稀的混合气即含氧量多,传感器输出电压小于0.45 V。因此ECU根据氧传感器输入的电信号分析汽油的燃烧状况,以便及时修正喷油量,使空燃比处于理想状况,即过量空气系数等于1。

为了保证发动机第一次起动时,传感器能迅速热起来,传感器内有一个电子加热元件。加热元件是一个PTC电阻。当运行的温度增加,其电阻值也增加,使流过加热元件的电流减少,如图9-48所示。

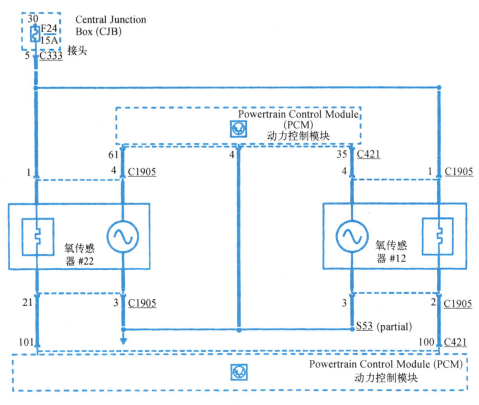

图9-48 电子加热元件

2. 电阻式氧传感器(氧化钛)

氧化钛式氧传感器是利用二氧化钛(TiO_2)材料的电阻值随排气中氧含量的变化而变化的特性制成,故又称电阻型氧传感器。二氧化钛是在室温下具有很高电阻的半导体。但当排气中氧含量少(混合气浓)时,氧分子将脱离,使其晶体出现缺陷,便有更多的电子可用来传递电流,材料的电阻亦随之降低。此种现象与温度和氧含量有关,因此,欲将氧化钛式氧传感器在300~900℃的排气温度中连续使用,必须作温度补偿。图9-49为氧化钛式氧传感器的示意图,它具有两个二氧化钛元件,一个是具有多孔性用来感测排气中氧含量的二氧化钛陶瓷;另一个则为实心二氧化钛陶瓷,用来作加热调节,补偿温度的误差。该传感器外端以具有孔槽的金属管作为防护套,一方面让废气可以进出,另一方面防止里面二氧化钛元件受到外物撞击,传感器接线端以橡胶作为密封材料,防止外界气体渗入。它一般安装在排气歧管或尾管上,同时可借助排气高温将传感器加热至适当的工作温度。根据排气中氧含量大小输出电压在 0.2～1.2 V 之间。

图 9-49 电阻式氧传感器的结构和工作原理

(三) 氧传感器的位置与作用

在连续喷射的 V 型发动机上，必须装两或 4 个氧传感器，如图 9-50 所示。1 个或 2 个氧传感器监视气缸的燃烧率，使燃烧更经济，同时调节每个气缸在不同的基础上的喷油的模式。同时为了满足汽车排放要求，另用 1 个或 2 个氧传感器监视催化器的工作效率，即要求每个催化器要有一个氧传感器来监视它工作效率。因此，直列式发动机要求两个氧传感器，V 型发动机要求 4 个氧传感器。

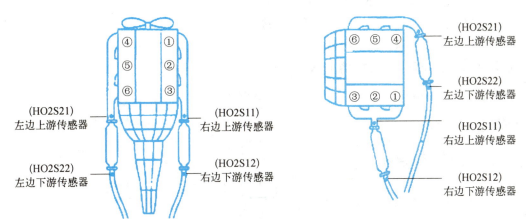

图 9-50 氧传感器的位置与作用

氧传感器监视发动机燃烧效率的，称为上游传感器，安装在催化器之前。氧传感器用来监视催化器工作效率的，称为下游传感器，安装在催化器之后。

上游传感器接近排气门，废气的热量能保持它的工作温度。下游传感器接近催化器，从催化器出来的热量能保持下游传感器的工作温度。

氧传感器有一个电子加热器将它加热到运行温度，加热的氧传感器的代号为 HO2S。为了识别左右，加上 1 和 2，为了识别上游和下游，再加上 1 和 2。那么下游左边的传感器代号为 HO2S12。

上游和下游传感器从外表上看上去很相像，但它们的结构是不同的，如图 9-51 所示。这是因为它们在排气系统的位置不同。排气管下游水蒸气容易凝结，所以下游传感器的内部要额外安装一个感应保护套，如果将上游的传感器安装在下游，由于水的污染，将很快失效。

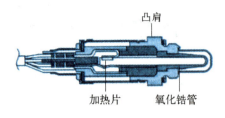
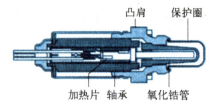

图 9-51 上、下游的传感器

(四) 别克发动机氧传感器的线路连接

1. 氧传感器 4 个脚的含义

氧传感器共有 4 个接口,如图 9-52 所示:

① A：0.45 V 基准信号线;

② B：传感器输入信号线;

③ C：12 V 搭铁线;

④ D：12 V 线。

2. 氧传感器的电路连接

① A 插口通过线束与 PCM C1♯29 插口连接,如图 9-52 所示;

② B 插口通过线束与 PCM C2♯10 插口连接;

③ C 插口通过线束与发动机接地;

④ D 插口通过线束与氧传感器 12 V 保险丝连接。

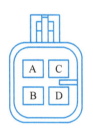
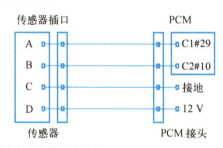

图 9-52 氧传感器的线路连接

活动四 电控发动机的认知与拆装

工作页 14

发动机电控系统的认知与拆装	班级		日期	
	姓名		成绩	

实训目标

1. 指认别克发动机各传感器、计算机和执行机构。
2. 指认传感器各脚的含义。
3. 规范拆装各传感器。

(续 表)

实训主要设备
1. 别克发动机 3 台。
2. 一位教师带教 12 位学生,分成 3 组,严格按照下列步骤完成工作页。

实训步骤
1. 指认各传感器、计算机和执行机构在发动机上的位置
(1) 叙述电控发动机与传统发动机的区别。
_____
_____。
(2) 结合实物指认图 9-53 中电控发动机的传感器的名称。

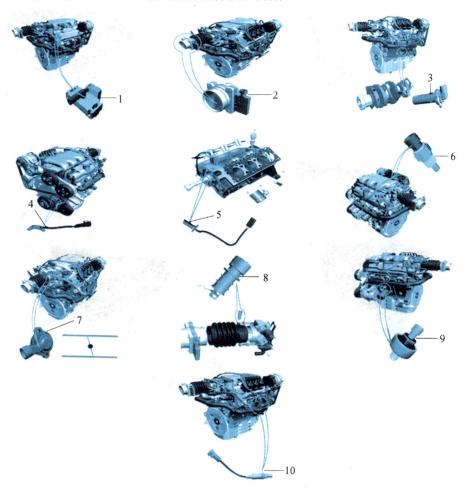

图 9-53 电控发动机的传感器

1) _____ , 2) _____ , 3) _____ , 4) _____ ,
5) _____ , 6) _____ , 7) _____ , 8) _____ ,
9) _____ , 10) _____ 。

（续表）

(3) 结合实物指认图 9-54 中电控发动机的执行机构。
1) _____，2) _____，3) _____，4) _____。

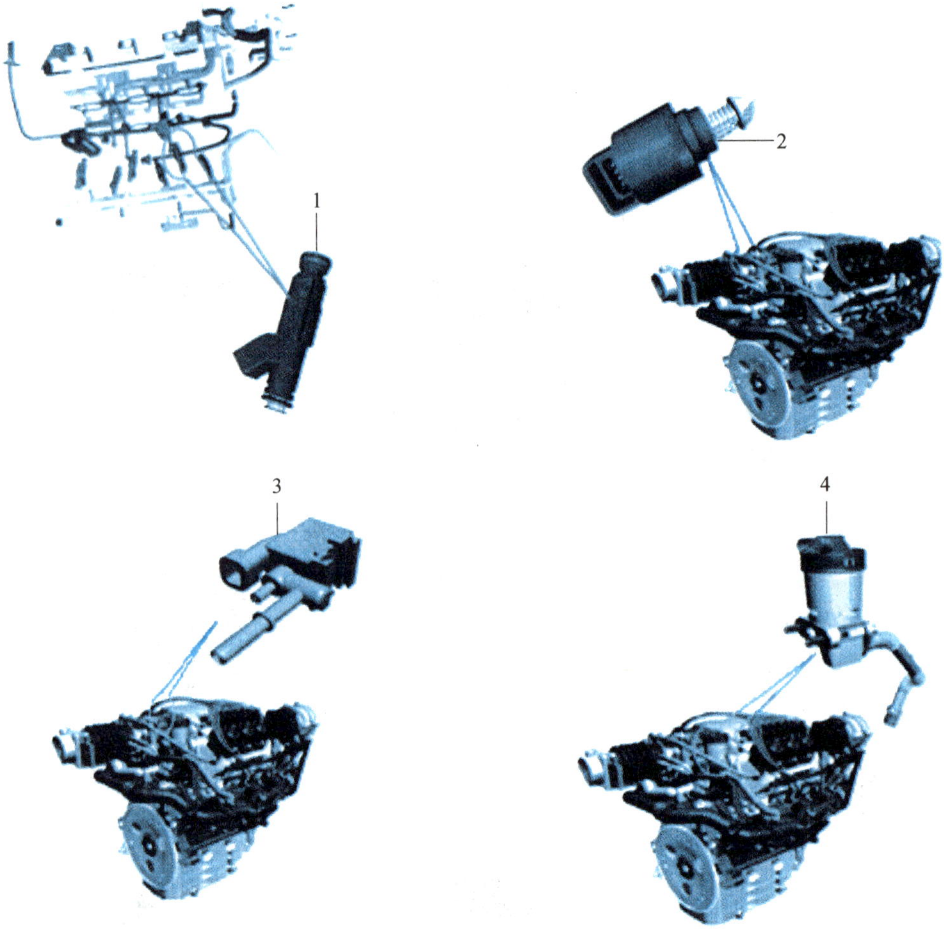

图 9-54　电控发动机的执行机构

(4) 别克发动机的计算机共有几排接口？每排接口共有多少个脚？
_____。

2. 各传感器的认知与拆装（别克）
(1) 发动机转速传感器的认知与拆装。
1) 发动机转速传感器(24X)是什么类型的？
_____。
2) 简述发动机转速传感器的工作原理。
_____
_____。

(续 表)

3) 认知图9-55中发动机转速传感器(24X)的各脚,并填写下表。

针	导线颜色	功 能
A		
B		
C		

图9-55 发动机转速传感器(24X)的各脚

4) 查阅别克发动机电路图,指认发动机转速(24X)传感器和计算机的哪号接口连接,或和其他哪些接口连接,并填写下表。

传感器接口	计算机接口或其他接口
A	
B	
C	

5) 发动机转速传感器(24X)的拆装。

拆卸步骤:

① 拆下蓄电池的负极导线。
② 从曲轴皮带轮上拆卸蛇形传动带。
③ 升起车辆。
④ 松开曲轴扭转减震器固定螺栓,拆卸扭转减震器。
⑤ 拆卸前,标记传感器线束的布线。
⑥ 拆卸线束固定卡夹及螺栓,如图9-56所示。
⑦ 断开传感器电气接头。
⑧ 拆卸传感器螺栓。
⑨ 拆卸传感器。

装配步骤:

① 用螺栓安装24X曲轴位置传感器,并按拆卸时所注标记布置线束。

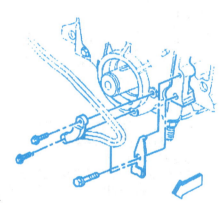

图9-56 拆卸发动机转速传感器

② 用螺栓重新安装线束固定卡夹;紧固螺栓至10 N·m。
③ 连接传感器电气接头。
④ 将曲轴扭转减震器重新安装到曲轴上。
⑤ 降下车辆。
⑥ 重新安装蛇形传动带。
⑦ 重新连接蓄电池负极线。

(2) 发动机空气流量计的认知与拆装。

1) 发动机空气流量计是什么类型的?

2) 简述发动机空气流量计的工作原理。

(续 表)

3) 认知图 9-57 中发动机空气流量计的各脚,并填写下表。

针	导线颜色	功 能
A		
B		
C		

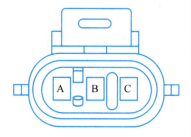

图 9-57 发动机空气流量计的各脚

4) 查阅别克发动机电路图,指认发动机空气流量计和计算机的哪号接口连接,或和其他哪些接口连接,并填写下表。

传感器接口	计算机接口或其他接口
A	
B	
C	

5) 发动机空气流量计的拆装。

拆卸步骤
① 断开蓄电池负极。
② 拔下进气温度传感器线束,如图 9-58 所示。
③ 拔下空气流量计线束,拆下进气管。
④ 从进气管上拆下空气流量计。

安装步骤
① 把空气流量计安装到进气管上。
② 安装进气管,连接空气流量计线束。
③ 连接进气温度传感器线束。
④ 连接蓄电池负极。

(3) 发动机进气管压力传感器的认知与拆装。

1) 发动机进气管压力传感器(别克)是什么类型的?
_____。

2) 简述发动机进气管压力传感器的工作原理。
_____
_____
_____。

图 9-58 拆卸发动机空气流量计

3) 认知图 9-59 中发动机进气管压力传感器的各脚,并填写下表。

针	导线颜色	功 能
A		
B		
C		

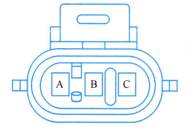

图 9-59 发动机进气管压力传感器的各脚

(续 表)

4）查阅别克发动机电路图，指认发动机进气管压力传感器和计算机的哪号接口连接，或和其他哪些接口连接？并填写下表。

传感器接口	计算机接口或其他接口
A	
B	
C	

5）发动机进气管压力传感器的拆装。
拆卸步骤
① 关闭点火开关。
② 断开 MAP 传感器接头，如图 9-60 所示。
③ 拆下两颗紧固螺钉。
④ 从真空接头和托架上小心取出 MAP 传感器。
安装步骤
① 将 MAP 传感器放在真空接头和托架上。
② 安装两颗紧固螺钉。
③ 连接 MAP 传感器接头。
(4) 发动机水温传感器的认知与拆装。
1）发动机水温传感器（别克）是什么类型的？

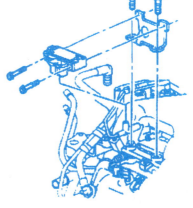

图 9-60 拆卸发动机进气管压力传感器

2）简述发动机水温传感器的工作原理。

3）认知图 9-61 中发动机水温传感器的各脚，并填写下表。

针	导线颜色	功 能
A		
B		

4）查阅别克发动机电路图，指认发动机水温传感器和计算机的哪号接口连接，或和其他哪些接口连接，并填写下表。

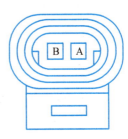

图 9-61 发动机水温传感器的各脚

传感器接口	计算机接口或其他接口
A	
B	

5）发动机水温传感器的拆装。
拆卸步骤
① 关闭点火开关。
② 释放冷却液压力。
③ 松开两个进气管卡箍，并拆下进气管。

（续 表）

④ 断开水温传感器线束接头。
⑤ 用深孔套管和加长杆拆下传感器。
安装步骤
① 发动机水温度传感器螺纹涂上密封剂。
② 将传感器装入发动机，紧固传感器至 23 N·m。
③ 连接水温传感器线束接头。
④ 重新安装进气管并固定两个进气管夹箍。
⑤ 起动发动机。
⑥ 检查是否泄漏。
⑦ 检查冷却液液面。
（5）发动机进气管温度传感器的认知与拆装。
1）发动机进气管温度传感器（别克）是什么类型的？
_____。
2）简述发动机进气管温度传感器的工作原理。
_____
_____。

3）认知图 9-62 中发动机进气管温度传感器的各脚，并填写下表。

针	导线颜色	功　　能
A		
B		

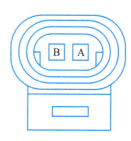

图 9-62　发动机进气管温度传感器的各脚

4）查阅别克发动机电路图，指认发动机进气管温度传感器和计算机的哪号接口连接，或和其他哪些接口连接，并填写下表。

传感器接口	计算机接口或其他接口
A	
B	

5）发动机进气管温度传感器的拆装。
拆卸步骤
① 断开传感器线束接头。
② 从进气管上拆下进气管温度传感器。
安装步骤
① 将进气管温度传感器装入孔中。
② 连接进气管温度传感器线束接头。
（6）发动机节气门位置传感器的认知与拆装。
1）发动机节气门位置传感器（别克）是什么类型的？
_____。
2）简述发动机节气门位置传感器的工作原理。
_____
_____。

（续表）

3）认知图9-63中发动机节气门位置传感器的各脚，并填写下表。

针	导线颜色	功　　能
A		
B		
C		

4）查阅别克发动机电路图，指认发动机节气门位置传感器和计算机的哪号接口连接，或和其他哪些接口连接，并填写下表。

传感器接口	计算机接口或其他接口
A	
B	
C	

图9-63 发动机节气门位置传感器的各脚

5）发动机节气门位置传感器的拆装。
拆卸步骤
① 拔下节气门位置传感器线束。
② 拆下两颗连接螺钉。
③ 拆下节气门位置传感器。
④ 拿下O形密封圈。
安装步骤
① 安装O形密封圈。
② 在怠速位置安装节气门位置传感器。
③ 安装两颗连接螺钉，紧固力矩为20 N·m。
④ 连接节气门位置传感器线束。
（7）发动机氧传感器的认知与拆装。
1）发动机氧传感器（别克）是什么类型的？
_____

2）简述发动机氧传感器的工作原理。
_____
_____
_____

3）认知图9-64中发动机氧传感器的各脚，并填写下表。

针	导线颜色	功　　能
A		
B		
C		
D		

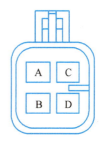

图9-64 发动机氧传感器的各脚

4）查阅别克发动机电路图，指认发动机氧传感器和计算机的哪号接口连接，或和其他哪些接口连接，并填写下表。

传感器接口	计算机接口或其他接口
A	
B	
C	
D	

5）发动机氧传感器的拆装

拆卸步骤

当发动机温度低于48℃时，加热氧气传感器可能不容易拆卸。用力过大可能会损坏排气歧管或排气管螺纹。

① 断开线束接头，如图9-65所示。

在加热氧气传感器上采用一种专用防黏剂，防黏剂是一种由液体和玻璃胶组成的石墨悬浮液。将石墨烧掉，保留玻璃胶，使传感器便于拆卸。重新安装之前，必须涂上防黏剂。

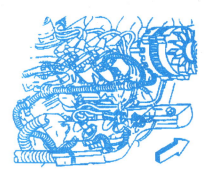

图9-65 拆卸氧传感器

② 用J 39194-B加热氧气传感器插座，小心加热氧气传感器，拔下氧传感器。

安装步骤

① 加热氧气传感器门催化剂监视器，涂上防黏剂。

② 安装加热氧气传感器，紧固到45 N·m。

③ 连接线束接口。

项目十
电子喷射汽油燃料供给系的结构与拆装

活动一　发动机的工况与混合气的浓度认知

活动二　电子喷射汽油燃料供给系

活动三　多点喷射燃油供给装置的结构与原理

活动四　电子喷射汽油燃料供给系的认知与拆装

项目十 电子喷射汽油燃料供给系的结构与拆装

知识目标
1. 知道发动机工况与浓度之间的关系。
2. 知道电控发动机燃料供给系的基本结构。
3. 知道电控发动机燃料供给系的控制电路。
4. 知道电控发动机燃料供给系各零件的结构和工作原理。

能力目标
1. 能指认电控发动机燃料供给系各零件的位置。
2. 规范拆装各零件。

活动一 发动机的工况与混合气的浓度认知

一、可燃混合气成分的表示方法和特性

可燃混合气是指空气与燃料的混合物,其成分对发动机的动力性、经济性有很大的影响。可燃混合气的浓度常用空燃比(R)和过量空气系数(α)表示。

（一）空燃比(R)

实际吸入发动机中的空气质量与燃料质量的比值称为空燃比。

（二）过量空气系数(α)

燃烧 1 kg 燃料实际供给的空气质量与理论上 1 kg 燃料完全燃烧所需的空气质量之比称为过量空气系数,

$$\alpha = \frac{燃烧 1\,kg\, 汽油实际消耗的空气量}{完全燃烧 1\,kg\, 汽油理论上消耗的空气量}。$$

理论上 1 kg 汽油完全燃烧需要空气 14.7 kg,即 $R=14.7$,$\alpha=1$,为标准混合气理论,$R<14.7$,$\alpha<1$,为浓混合气,$R>14.7$,$\alpha>1$,为稀混合气。

二、混合气浓度及其对发动机工作的影响

可燃混合气根据燃油含量的多少分为标准可燃混合气、浓可燃混合气、过浓可燃混合气、稀可燃混合气、过稀可燃混合气 5 种。

（一）过浓可燃混合气

$\alpha<0.85$,这种混合气会使发动机耗油率增加,排气管冒黑烟,消声器有放炮声。所以这种

混合气仅使用在发动机刚刚起动时。

(二) 浓可燃混合气

$\alpha = 0.8 \sim 0.9$，这种混合气可使发动机的功率增大。$\alpha = 0.88$ 时达到最大的功率(称功率混合气)。但由于氧气不足，不能充分燃烧，环保性变差。

(三) 标准可燃混合气

$\alpha = 1$，从理论上讲，标准可燃混合气燃烧最完全，环保性最好。

(四) 稀可燃混合气

$\alpha = 1.05 \sim 1.15$，这种混合气可以使汽油分子获得足够的空气而完全燃烧。$\alpha = 1.11$ 时燃料燃烧最完全，经济性最好(称经济混合气)，耗油率最低。

(五) 过稀可燃混合气

$\alpha > 1.2$，由于过稀混合气中的汽油分子过少，燃烧速度慢，使热量传入冷却水，热损失多，发动机的温度过高，因而使发动机功率显著减少 40%～50%，耗油率激增。

三、发动机各种工况对可燃混合气浓度的要求

由于发动机在工作时其工况(转速和负荷情况)是不断变化的，故要求所需混合气浓度也不同，如图 10-1 所示。

(一) 中等负荷工况

随着城市道路的不断建设和完善，汽车性能的不断提高，现代小汽车在最高档位时的经济车速为 65～105 km/h，此时发动机的转速在 2 000～3 200 r/min 之间。大型汽车在最高档位时的经济车速为 45～75 km/h，发动机的转速在 1 500～2 500 r/min 之间。发动机在此负荷下运转，经济性要求是主要的，此时要求节气门开度由小变大，使气缸的充气量增加，汽油的雾化和蒸发较好，缸内残余废气量相对减小。故需供给稀而多的混合气，α 在 1.08～1.15 之间。

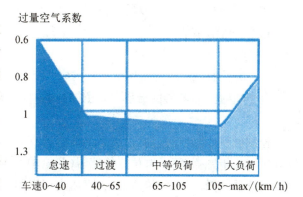

图 10-1 发动机各种工况对可燃混合气浓度的要求

(二) 怠速工况

现代汽车考虑排放性能，将 α 控制在 1 附近。

传统发动机怠速时的转速在 300～600 r/min 之间，转速低，汽油雾化不良。另外，由于进入气缸的混合气数量少，再加上上一循环的残余废气影响，故需供给较浓而少的混合气。

现代发动机为了降低怠速时废气中 HC 和 CO 的含量，采取了下列措施：

(1) 冷怠速的转速范围设计为 300～700 r/min，混合气浓度 α 在 0.6～0.8 之间。

(2) 热怠速的稳定转速通常为 700～800 r/min。怠速转速提高，汽油雾化得到改善。另外，由于发动机充气系数的提高，进入气缸的混合气数量有所增加，可供给标准浓度的混合气，α 为 1 左右。

(三) 大负荷和全负荷工况

汽车行驶阻力大(如上坡或在艰难道路上行驶),要求发动机发出最大功率。需供给浓而多的混合气,α 在 0.8～0.9 之间。

(四) 加速工况

加速时,节气门突然开大,发动机转速迅速提高,由于大量新鲜空气进入进气管,使其温度降低,汽油蒸发性变差,致使混合气瞬时过稀,发动机不仅不能加速,反而可能熄火。故需额外供给较浓的混合气。

(五) 起动工况

冷车起动时,汽油蒸发条件差。同时,由于发动机转速低,吸入空气流速也低,致使汽油雾化困难,大部分汽油呈油粒状态黏附在进气管壁上,不能及时进入气缸,使缸内混合气过稀,无法燃烧。为了保证进入气缸的汽油有足够汽油蒸发,发动机能顺利起动,需供给极浓的混合气,α 在 0.2～0.6 之间。

活动二 电子喷射汽油燃料供给系

随着科学技术的不断发展,现代汽车的发动机已经采用电子喷射汽油燃料供给系,以满足发动机安全、环保、节能的需要。

一、电子喷射汽油燃料供给系的组成

电子喷射汽油燃料供给系主要由控制燃料供给系的传感器、ECU 和燃油供给装置组成。

1. 控制燃料供给系的传感器

控制燃料(此处指汽油)供给系的传感器有下列几种:进气管压力传感器、空气流量传感器、发动机转速传感器、第一缸位置传感器(凸轮轴位置传感器)、发动机冷却水温度传感器、节气门位置传感器、进气管温度传感器、大气压力传感器、氧传感器。

2. ECU

在燃油喷射系统中,ECU 是根据各个传感器的输入信号进行计算,精确地控制空燃比的装置。

3. 燃油供给装置

燃油供给装置储存燃油并将燃油传递给燃油喷射系统,它包括燃油箱、燃油管、燃油泵、燃油滤清器、压力调节器、蓄能器。

结构认知

在发动机上找出下列零件:
(1) 燃油泵,安装在汽车的燃油箱内,如图 10-2 所示。
(2) 燃油滤清器,安装位置如图 10-3 所示。
(3) 压力调节器,安装位置如图 10-4 所示。

燃油泵总成

图 10-2 燃油泵的安装位置

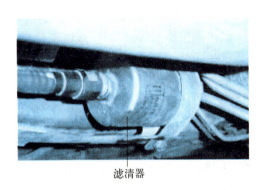

图 10-3 燃油滤清器的安装位置

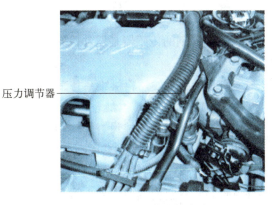

图 10-4 燃油压力调节器的安装位置

4. 电子喷射汽油燃料供给系的控制思路

(1) 控制燃油量的调节思路。

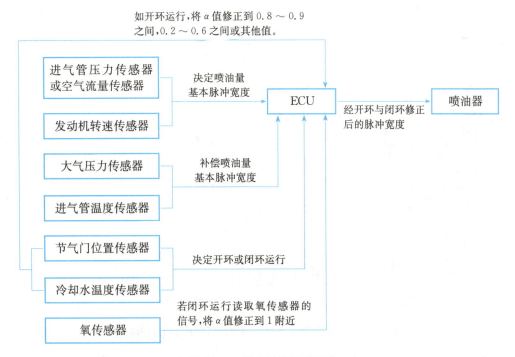

图 10-5 燃油量的调节思路

传感器控制的调节燃油量的原理如图 10-5 所示，由进气管压力传感器、空气流量传感器、发动机转速传感器、发动机冷却水温度传感器、节气门位置传感器、进气管温度传感器、大气压力传感器、氧传感器组成。其中进气管压力传感器或空气流量传感器、发动机转速传感器向计算机提供基本脉冲信号的信息。发动机冷却水温度传感器、节气门位置传感器、进气管温度传感器、大气压力传感器、氧传感器向计算机提供修正基本脉冲信号的信息。若计算机采用发动机冷却水温度传感器、节气门位置传感器、进气管温度传感器、大气压力传感器的信号控制空燃比，发动机进入开环运行。若发动机接收氧传感器的信号控制空燃比，发动机进入闭环运行。决定发动机开环或闭环运行的传感器是发动机冷却水温度传感器和节气门位置传感器。

(2) 控制喷油时刻

控制喷油时刻的传感器是发动机转速传感器和第一缸位置传感器(凸轮轴位置传感器)。

二、电子喷射汽油燃料供给系各工况的控制思路

1. 中小负荷工况对可燃混合气浓度的控制思路

随着城市道路的不断建设,汽车性能的不断提高,现代小汽车在最高档位时的经济车速为 45～105 km/h,此时发动机的转速在 900～3 200 r/min。发动机在此负荷下运转,需要考虑发动机的环保性、经济性。为了实现排放的欧Ⅱ和欧Ⅲ标准,工程师在设计发动机时,重点考虑发动机的环保性,将空燃比控制在 $\alpha=1$ 附近,如图 10-6 所示。

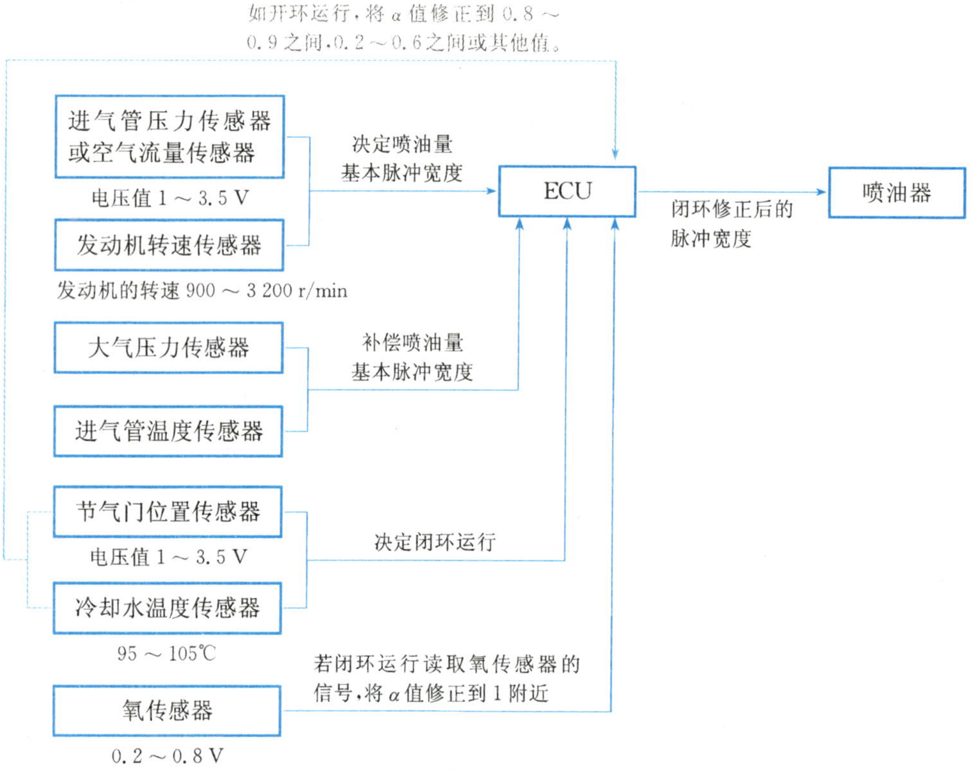

图 10-6 中小负荷工况对可燃混合气浓度的控制思路

计算机接收进气管压力传感器(电压 1～3.5 V)或空气流量传感器(电压 1～3.5 V)、发动机转速传感器(发动机转速 900～3 200 r/min)、发动机冷却水温度传感器(发动机水温在 95～105℃)、节气门位置传感器(电压 1～3.5 V)、进气管温度传感器、大气压力传感器、氧传感器的信号。进气管压力传感器或空气流量传感器、发动机转速传感器向计算机提供基本脉冲信号的信息。进气管温度传感器、大气压力传感器补偿修正基本脉冲信号的信息。发动机冷却水温度传感器和节气门位置传感器的信号使发动机进入闭环运行。

闭环运行模式是计算机采用氧传感器的信号,将空燃比修正到 $\alpha=1$ 附近,即考虑发动机的环保性。

2. 急速工况对可燃混合气浓度的控制思路

急速的转速范围设计为 700～800 r/min。由于现代发动机较传统发动机急速转速有所提

高,使汽油雾化得到改善,气缸内残余 CO_2 的含量降低。另外,目前发动机采用多气门,进入气缸的混合气数量有所增加,故可供给标准浓度的混合气,混合气浓度控制 $\alpha=1$ 左右,保证发动机的环保性,如图 10-7 所示。

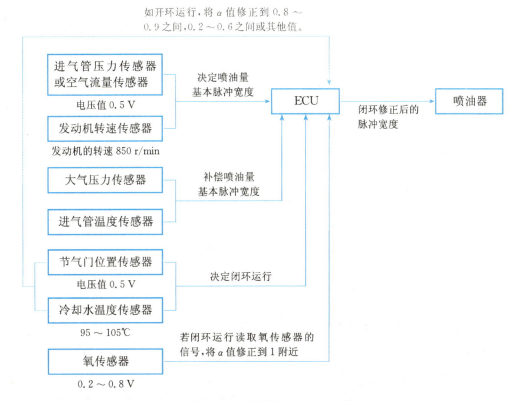

图 10-7 怠速工况对可燃混合气浓度的控制思路

计算机接收进气管压力传感器(电压 0.5 V 左右)或空气流量传感器(电压 0.5 V 左右)、发动机转速传感器(发动机转速 850 r/min)、发动机冷却水温度传感器(发动机水温 95~105℃)、节气门位置传感器(电压 0.5 V)、进气管温度传感器、大气压力传感器、氧传感器的信号。进气管压力传感器或空气流量传感器、发动机转速传感器向计算机提供基本脉冲信号的信息。进气管温度传感器、大气压力传感器补偿修正基本脉冲信号的信息。发动机冷却水温度传感器和节气门位置传感器的信号使发动机进入闭环运行。氧传感器的信号将空燃比修正到 $\alpha=1$ 附近。

3. 大负荷和全负荷工况对可燃混合气浓度的控制思路

由于汽车需克服较大阻力(如上坡或在艰难道路上行驶),此时要求发动机发出最大功率,而不能再考虑发动机的环保性,要考虑发动机的动力性,需供给浓而多的混合气 α 在 0.8~0.9 之间,如图 10-8 所示。

计算机接收进气管压力传感器(电压 4~4.5 V)或空气流量传感器(电压 4~4.5 V)、发动机转速传感器(发动机转速在 3 200 r/min 以上)、发动机冷却水温度传感器(发动机水温 95~105℃)、节气门位置传感器(电压 4~4.5 V)、进气管温度传感器、大气压力传感器、氧传感器的信号(此时虽然向计算机提供信号,但计算机不采纳、使用该信号)。进气管压力传感器或空气流量传感器、发动机转速传感器向计算机提供基本脉冲信号的信息。进气管温度传感器、大气压力

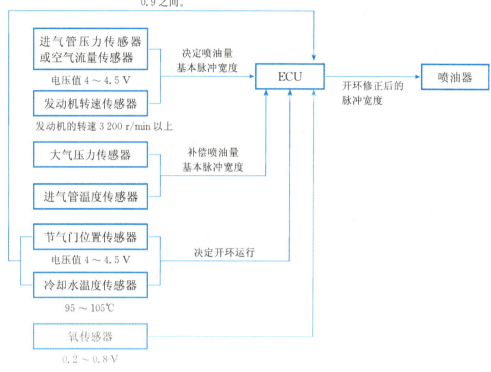

图 10-8 大负荷和全负荷工况对可燃混合气浓度的控制思路

传感器补偿修正基本脉冲信号的信息。发动机冷却水温度传感器和节气门位置传感器的信号使发动机进入开环运行模式。

开环运行模式时计算机不再接收氧传感器的信号,而根据冷却水温度传感器和节气门位置传感器的信号将空燃比修正到 0.8~0.9,即考虑发动机的动力性。

4. 加速工况对可燃混合气浓度的控制思路

加速时,节气门突然开大,发动机转速迅速提高,由于大量新鲜空气进入进气管,使其温度降低,汽油蒸发性变差,致使混合气瞬时过稀,发动机不仅不能加速,反而可能熄火。故必须额外供给较浓的混合气,α 在 0.8~0.9 之间,如图 10-9 所示。

计算机接受进气管压力传感器(电压的突变信号)或空气流量传感器(电压的突变信号)、发动机转速传感器、发动机冷却水温度传感器(发动机水温在 95~105℃之间)、节气门位置传感器(电压的突变信号)、进气管温度传感器、大气压力传感器、氧传感器的信号(此时虽然向计算机提供信号,但计算机不采纳、使用该信号)。进气管压力传感器或空气流量传感器、发动机转速传感器向计算机提供基本脉冲信号的信息。进气管温度传感器、大气压力传感器补偿修正基本脉冲信号的信息。发动机冷却水温度传感器和节气门位置传感器的信号使发动机进入开环运行模式。

5. 起动工况对可燃混合气浓度的控制思路

冷车起动时,汽油蒸发条件差,同时,由于发动机转速低,吸入进气管的空气流速也低,致使汽油雾化困难,大部分汽油呈油粒状态黏附在进气管壁上,不能及时进入气缸,使缸内混合气过稀,无法燃烧。为了保证进入气缸的汽油有足够汽油蒸发量,发动机能顺利启动。故必须供给极浓的混合气 α 在 0.2~0.6 之间,进入开环运行模式,如图 10-10 所示。

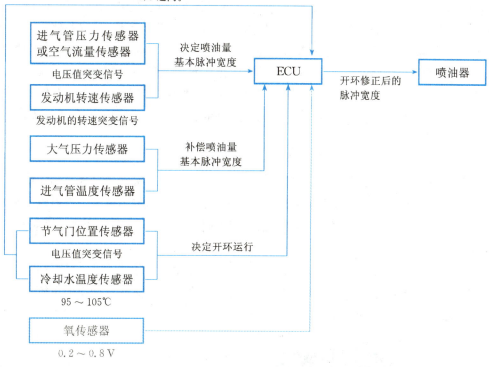

图 10-9 加速工况对可燃混合气浓度的控制思路

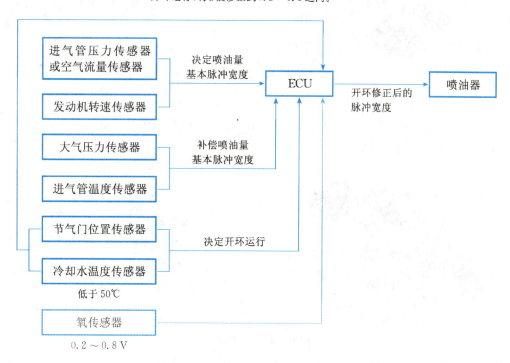

图 10-10 起动工况对可燃混合气浓度的控制电路

当发动机第一次开到 ON 档时，PCM 激活燃油泵继电器 2 s，燃油泵运行建立油压，发动机在 2 s 内被起动，向 PCM 提供基本的信号，燃油泵继电器再次被激活。此时，PCM 根据接收到冷却水温度传感器、进气管温度传感器、大气压力传感器、节气门位置传感器（补偿空气流量传感器、曲轴转速传感器）的信号来决定最初的空燃比。当发动机起动时，PCM 向每个喷油器输送正确的喷油脉冲宽度。低的水温，脉冲宽度长，混合气浓。水温上升，脉冲宽度短，混合气稀。一旦发动机运行了，PCM 接收所有输入传感器的工作信号，并控制正确的空燃比。在发动机达到正常的工作温度之前，计算机根据这些传感器的信号，使混合气变浓，发动机处于热机状态。

三、电子喷射汽油燃料供给系的分类

目前关于电子喷射汽油燃料供给系统的分类有很多种。根据按空气量的检测方法分为直接检测和间接检测；根据喷射的顺序分为同时、分组和顺序喷射等。本书对电子喷射汽油燃料供给系的分类为国际上惯用的方法，根据按照喷油器的喷射位置分为单点喷射和多点喷射两种。

1. 单点喷射

单点喷射是在进气管的节流阀体上安装一个中央喷射装置，用一只或两只喷油器集中向进气歧管喷射，形成可燃混合气，在发动机进气行程时被吸入气缸内。故这种喷射系统可称为节流阀体喷射系统或中央喷射系统，如图 10-11 所示。

图 10-11　单点喷射

2. 多点喷射

多点喷射是喷油器安装在进气歧管上，流过节气门的是空气，在发动机进气行程时，喷油器喷油与进气管内的空气混合，如图 10-12 所示。

 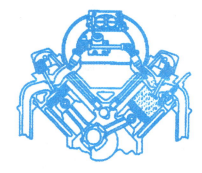

图 10-12　多点喷射

今后，电子喷射系统的结构与工作原理都是围绕多点喷射进行讲解的。

活动三 多点喷射燃油供给装置的结构与原理

燃油供给系统储存燃油并将燃油传递给燃油喷射系统,同时燃油的传递还必须满足发动机的工作情况。它包括燃油箱、燃油管、燃油泵、燃油滤清器、压力调节器、蓄能器和缓冲器、喷油器,如图10-13所示。

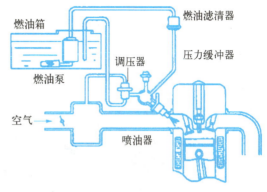

图10-13 多点喷射的组成部分

一、燃油箱
(一)燃油箱的作用

燃油箱的作用是存储燃油,内部还有一个油井,用来安装电子燃油泵,保证能吸到液态的燃油。燃油液位计也安装在燃油箱内。

(二)燃油箱的结构

燃油箱是用塑料或金属制成的矩形空箱,大多数燃油箱内部装有隔板,防止汽车在转弯和制动时,燃油在油箱内的搅动。

在电子喷射燃油供给系统中,燃油箱加油盖上安装一个压力调节器/真空阀,当燃油箱内部压力很高时,真空阀阀打开,燃油蒸气排放到大气中去。当燃油箱内形成一定真空时,真空阀就打开,使空气进入。

目前,为了达到环境保护的要求,燃油箱都有一条与炭罐相连的通道。炭罐的作用是将原先蒸发到大气中的燃油蒸气储存在炭罐内,当发动机工作时,再将炭罐内汽油蒸气送到发动机燃烧,如图10-14所示。

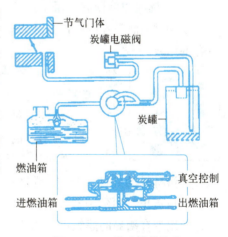

图10-14 燃油箱的构造

二、燃油管
(一)燃油管的作用

燃油管是连接燃油箱、滤清器、燃油泵和燃油喷射系统的管路。

(二)燃油管的结构

主燃油管通常是由钢或尼龙制成的,用框架或夹头将它们固定在车架上。连接燃油箱到发动机的燃油管采用经过加强处理的人工复合橡皮管,能克服系统内很高压力。橡皮管共有两层,如图10-15所示,内层是防油层,外层是保护

图10-15 燃油管的结构

层。对塑料管和塑料燃油箱的特点是重量轻,不会生锈,还能适用于使用酒精类燃料的情况。

在电子喷射的汽车上,燃油泵将燃油从燃油箱送到喷油器中,燃油压力调节器将多余的未燃油通过回油管流送回油箱,如图10-16所示。为了能使系统正常运行,燃油喷射器要求在特定的压力下工作,连续循环的燃油使系统保持在平衡、稳定的压力条件下工作,并且保持燃油冷却。冷却、加压的燃油使燃油供给系统不会发生气阻现象。

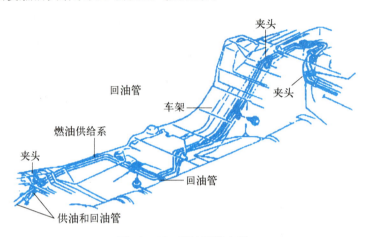

图10-16 燃油管的布置

三、燃油滤清器

(一)燃油滤清器的作用

使用燃油滤清器的目的是除去燃油系统中的细小颗粒,减少零件的磨损,并避免细小管道或量孔的堵塞。

(二)燃油滤清器的结构

滤清器是一个带有进口和出口的密闭的容器,燃油从进油口进入,通过滤清材料的外部,再经滤清材料的中心,从出油口流出,如图10-17所示。滤清器中通常使用带有褶皱的滤纸进行滤清。

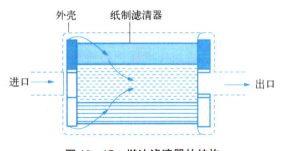

图10-17 燃油滤清器的结构

四、燃油泵

(一)燃油泵的作用

燃油泵将燃油箱内的燃油送入发动机的燃油总管或喷油器,输送的量一般为发动机需要量的2~3倍。

(二)多点喷射燃油系统使用燃油泵的结构

多点喷射燃油系统中使用高压转子泵。

燃油泵由马达转子、转子泵、压力释放阀、单向阀、壳体等组成,如图10-18所示。

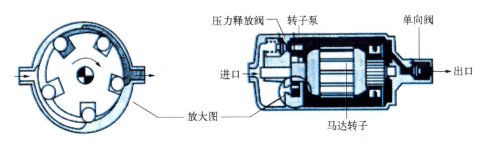

图 10-18 燃油泵的结构

 注意：大多数节气门体喷油器系统（单点喷射）采用低压燃油泵（涡轮或叶片泵），压力小于 140 kPa（20 psi），本书不介绍。

（三）高压转子泵的工作原理

转子泵由马达驱动，依靠燃油来润滑和冷却。在发动机熄火时，依靠单向阀保持系统内静止的压力，它还有一个压力释放阀，当压力上升到 415～690 kPa（60～100 psi）的压力时，即达到释放阀设定的压力，将多余的燃油流回进油口，来限制出油口的出油量。

目前，电子燃油泵由 PCM 控制，如图 10-19 所示。由于电子燃油泵的工作电流要大于 PCM 所能供给的电流，因此，电子燃油泵是由电脑控制的继电器所控制。

当点火开关开到 ON 的位置上时（但发动机未起

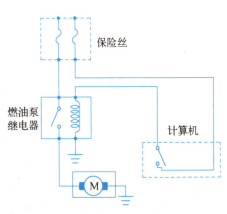

图 10-19 燃油泵控制电路的工作原理

动），PCM 会激活泵的继电器 1～2 s，然后关闭，系统内建立油压。一旦发动机被起动或运行，PCM 通过发动机转速传感器来监视发动机的转速，当 PCM 接收到发动机的转速信号时，PCM 使用控制接地的方法控制继电器，将燃油泵继电器激活。如果发动机的转速低于最低转速 40～200 r/min，燃油泵不再被激活，其目的是为了汽车在发生事故时，自动地切断燃油泵，防止溢油。

（四）别克发动机燃油泵电路连接

（1）A 接口：燃油液位传感器输入信号接口，通过线束与燃油液位传感器输入插口连接，如图 10-20 所示。

（2）B 接口：燃油泵马达供给电源，通过线束与燃油泵继电器的 30 号接口插口连接。

（3）C 接口：接地线，通过线束与接地插口连接。

（4）D 接口：传感器回路，通过线束与燃油箱压力传感器 A 插口连接。

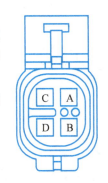

图 10-20 燃油泵接口

五、多点喷射燃油压力调节器

（一）燃油压力调节器的作用

燃油压力调节器根据发动机不同的工况，将多余的燃油送回燃油箱。

(二)多点喷射燃油压力调节器的结构

多点喷射燃油压力调节器位于燃油总管上,如图 10-21 所示。

单点喷射压力调节器位于节气门体上。

多点喷射的喷射点在进气管内。

单点喷射的喷射点在节气门上方。

此压力调节器由外壳、压力弹簧、膜片、进油口、回油口和进气管压力口组成,如图 10-21 所示。

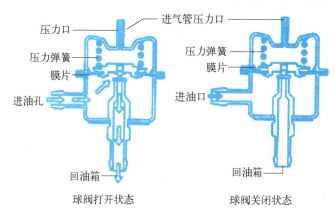

图 10-21 多点喷射燃油压力调节器的结构

(三)多点喷射燃油压力调节器的工作原理

当节气门开度增大时,进气管的压力增大,进气管的压力加上弹簧的张力克服进油口的压力,使球阀关闭;当节气门开度减小时,进气管的压力减小,进气管的压力加上弹簧的张力不能克服进油口的压力,使球阀打开。所以,在发动机负荷变化的情况下,多点喷射燃油压力调节器能比单点喷射更好地起调节作用。

六、燃油总管

多点喷射系统的喷油器位于每个气缸的进气口处,将燃油输送到每个喷油器的管道,叫燃油总管。

七、节气门体

节气门体的作用及其结构

急速控制设备(IAC)安装在节气门体上,用来调节旁通阀中进入发动机空气的量,如图 10-22 所示。节气门位置传感器安装在节气门体上,它连接到节气门轴上,相对的一边是节气门连接

图 10-22 节气门体

件。MAP 传感器也可以安装在节气门体上，节气门体上钻孔为 MAP 传感器提供真空。在节气门体上有一个或更多的点或进气管真空管为 EGR 阀和炭罐提供真空。

八、喷油器
（一）喷油器的作用
喷油器根据发动机不同工况的需要和计算机提供的脉冲宽度，定时、定量地向气缸内喷射燃油。

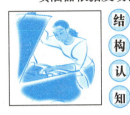

（二）喷油器的结构
喷油器由滤清器、螺线管和喷嘴等组成。根据单点喷射和多点喷射来区分喷油器，又可分为底部供给和顶部供给两种。燃油从顶部供给的喷油器，称为顶部供给喷油器，使用在多点喷射的发动机上。燃油从底部供给的喷油器，称为底部供给喷油器，使用在单喷射的发动机上，如图 10-23 所示。

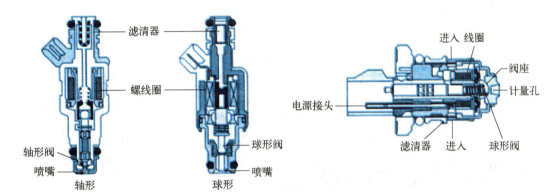

图 10-23 喷油器的结构

九、喷油时刻的控制
喷油时间控制由喷油器被激活的方式决定。在多点喷射系统中喷油器通常有 3 种方式被激活：同步激活、分组激活和顺序激活。

1. 同步激活
同步激活是发动机每转一圈，每个喷油器激活一次，喷油量为喷油要求的一半。所以，这种喷射方式只需要发动机转速传感器来判定活塞的位置，而不需要凸轮轴位置传感器来判断每个缸在进气还是在做功，如图 10-24 所示。

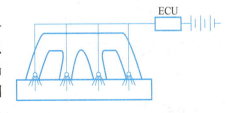

图 10-24 同步喷射

2. 分组激活
分组激活是按照伙伴缸的关系将发动机的气缸分成若干个组，只要活塞到达上止点，每组喷油器就激活一次，喷油量为喷油要求的一半。所以，这种喷射方式只需要发动机转速传感器来判定活塞的位置，而不需要凸轮轴位置传感器来判断每个缸在进气还是在做功，如图 10-25 所示。

3. 顺序激活
顺序激活是根据发动机的做功顺序，逐个将每一个喷油器激活，喷油量为喷油要求的全部。所以这种喷射方式既需要发动机转速传感器来判定活塞的位置，又需要凸轮轴位置传感器来判断每个缸在进气还是在做功,如图 10-26 所示。

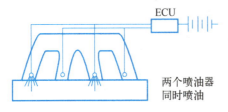

图 10-25 分组喷射

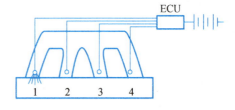

图 10-26 顺序喷射

活动四　电子喷射汽油燃料供给系的认知与拆装

电子喷射汽油燃料供给系的认知与拆装的内容体现在工作页 15 中。

工作页 15

电子喷射汽油燃料供给系的认知与拆装	班级		日期	
	姓名		成绩	

实训目标
1. 指认别克发动机电子喷射汽油燃料供给系各零件。
2. 指认电子喷射汽油燃料供给系零件各脚的含义。
3. 熟练拆装电子喷射汽油燃料供给系各零件。

实训主要设备
1. 别克发动机 3 台。
2. 一位教师带教 12 位学生,分成 3 组,严格按照下列步骤完成工作页。

实训步骤
1. 各零件指认
指认图 10-27 中别克发动机电子喷射汽油燃料供给系各零件。
(1)　　　　　　,(2)　　　　　　　,(3)　　　　　　　。
2. 各工况各传感器的读数

	空气流量计或进气管压力传感器	发动机转速传感器	节气门位置传感器	冷却水温度传感器	氧传感器	α 值	运行模式
中小负荷							
怠速工况							
大负荷工况							
加速工况							
启动工况							

(续表)

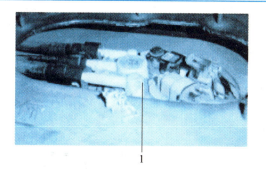
1

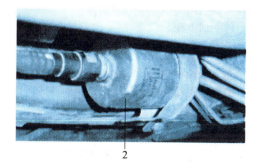
2

3

图 10-27 别克发动机电子喷射汽油燃料供给系各零件

3. 别克发动机的燃油泵的认知与拆装

(1) 认知图 10-28 中发动机燃油泵的各脚,并填写下表。

针	导线颜色	功　　能
A		
B		
C		
D		

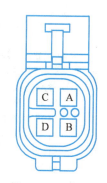

图 10-28 发动机燃油泵的各脚

(2) 查阅别克发动机电路图,指认发动机燃油泵和计算机的哪号接口连接,或和其他哪些接口连接,并填写下表。

传感器接口	计算机接口或其他接口
A	
B	
C	
D	

(续 表)

(3) 别克发动机的燃油泵的拆装。
1) 拆卸步骤。
① 释放燃油管路内的油压。
② 取出备胎。
③ 拆卸燃油泵盖板的螺钉,如图 10-29 所示。
④ 断开燃油泵线束接头。
⑤ 拆卸燃油泵油管。
⑥ 拆卸燃油泵固定的弹簧卡簧,如图 10-30 所示。
⑦ 拆卸燃油泵总成。
⑧ 报废燃油泵总成的 O 形密封圈。

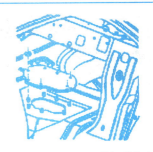

图 10-29 燃油泵盖板的螺钉

2) 安装步骤。
① 清理安装燃油泵总成的 O 形密封圈。
② 安装燃油泵总成。
③ 安装燃油泵固定的弹簧卡簧。
④ 安装燃油泵油管。
⑤ 连接燃油泵线束接头。
⑥ 安装燃油泵盖板的螺钉。
⑦ 安装备胎。
⑧ 检查泄漏
  (a) 接通点火开关 2 s。
  (b) 关闭点火开关 10 s。
  (c) 接通点火开关。
  (d) 检查是否泄漏。

图 10-30 燃油泵固定的弹簧卡簧

4. 燃油压力调节器的认知与拆装
(1) 别克发动机燃油压力调节器是什么形式的?其作用是什么?

_____

_____。

(2) 燃油压力调节器的拆装。
1) 拆卸步骤。
① 释放燃油压力。
② 断开燃油压力调节器的真空管。
③ 拆卸燃油压力调节器的紧固螺钉,如图 10-31 所示。
④ 拆卸燃油压力调节器上的油管。
⑤ 拆卸油道的夹持器与垫圈,并报废。
⑥ 拆卸燃油压力调节器。
⑦ 拆卸燃油压力调节器的 O 形密封圈,并报废。
2) 安装步骤。
① 更换滤网。
② 清洁 O 形密封圈座,安装 O 形密封圈。
③ 连接燃油压力调节器上的油管。发动机回油管螺栓的拧紧力为 17 N·m。
④ 紧固燃油压力调节器上的螺钉。螺栓的拧紧力为 8.5 N·m。
⑤ 安装油道的夹持器与垫圈。
⑥ 检查泄漏。
  (a) 接通点火开关 2 s。
  (b) 关闭点火开关 10 s。
  (c) 接通点火开关。
  (d) 检查是否泄漏。

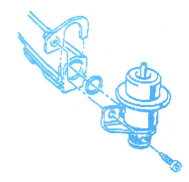

图 10-31 拆卸燃油压力调节器

5. 燃油总管的拆装
1) 拆卸步骤。
① 释放燃油系统的压力。
② 拆卸上进气歧管。
③ 断开发动机燃油道上的油管。
④ 断开燃油压力调节器上的回油管,如图 10-32 所示。

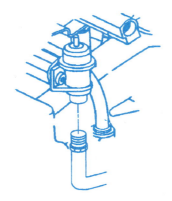

图 10-32 拆卸回油管

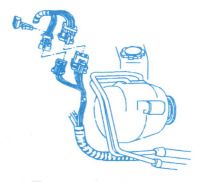

图 10-33 断开喷油器线束

⑤ 拆卸燃油供油管,并将 O 形密封圈报废。
⑥ 断开喷油器线束,如图 10-33 所示。
⑦ 断开水温传感器线束,如图 10-34 所示。

图 10-34 断开水温传感器线束

图 10-35 断开喷油器接头,并将其拆下

⑧ 松开燃油道紧固螺钉,拆卸燃油道总成。
⑨ 断开喷油器接头,并将其拆下,如图 10-35 所示。
⑩ 拆卸喷油器的 O 形密封圈,将其报废,将 O 形密封圈支架固定。
2) 安装步骤。
① 将喷油器和喷油器线束连接到燃油总管上。
② 将喷油器 O 形密封圈安装到支架,并将其安装到喷油器上。
③ 将燃油油道安装到进气歧管上,并将喷油器插入喷油器孔中。拧紧燃油总管的螺钉,拧紧力矩为 10 N·m。
④ 连接水温传感器线束。
⑤ 连接喷油器线束。
⑥ 将 O 形密封圈安装到燃油总管与回油管之间。
⑦ 将油管安装到燃油总管上,拧紧力矩为 17 N·m。

（续 表）

⑧ 将回油管连接到燃油压力调节器，拧紧力矩为 17 N·m。
⑨ 安装上进气歧管，拧上机油加注盖。
⑩ 检查泄漏。
（a）接通点火开关 2 s。
（b）关闭点火开关 10 s。
（c）接通点火开关。
（d）检查是否泄漏。

项目十一 柴油机燃料供给系的结构与拆装

活动一　柴油机认知

活动二　传统柴油机燃料供给系主要零件的结构与拆装

活动三　电控柴油机主要结构认知

项目十一　柴油机燃料供给系的结构与拆装

知识目标
1. 知道柴油机燃料供给系的作用。
2. 知道柴油机燃料供给系的组成和工作原理。
3. 知道柴油机混合气的形成及燃烧过程。
4. 知道柴油机喷油器的类型、结构及工作原理。
5. 知道柴油机输油泵的结构和工作原理。
6. 知道柴油机柱塞式喷油泵的基本结构和工作原理。
7. 知道柴油机转子式喷油泵的基本结构和工作原理。
8. 知道电控柴油机的基本结构

能力目标
1. 能指认柴油机燃料供给系的各零件。
2. 能规范地拆装喷油器。
3. 能规范地拆装输油泵。
4. 能规范地拆装柱塞式喷油泵。
5. 能指认电控柴油机各零件。

活动一　柴油机认知

一、柴油机混合气的形成与燃烧室

柴油机与汽油机同为四行程内燃机,其结构大同小异。主要区别在汽油机燃料燃烧由电火花点燃,而柴油机则是利用气缸内空气压缩升温后的温度远高于柴油的自燃温度,使其燃烧。

要了解柴油机的工作必须了解柴油的相关特性。

（1）柴油的燃点

柴油的温度升高到燃点时会自行燃烧,此温度（350°）即为柴油的燃点。气缸内的空气压缩升温后温度必须超过燃点,柴油才会燃烧。

（2）柴油的凝点

柴油机燃油供油系正常工作的前提是柴油能在低压系统中能正常流动。柴油的这个特性是由其凝点与周边的环境温度来决定的。选用的柴油凝点应高于最低温度5°以上。柴油是根据其凝点来标注的,例如,柴油的凝点为0°,为0号柴油,适用于在最低温度为5°以上的地区使用。

（一）柴油机可燃混合气的形成

柴油机燃烧室由气缸盖和活塞顶共同构成。缸盖内的进气道与活塞顶上的涡流凹坑配合使吸入气缸的空气产生高速涡流,并与喷油器喷出的雾状油束迅速搅拌、混合,喷油器的安装位置及对应燃烧室的形状共同决定了所产生的可燃混合气的质量,以保证柴油能在千分之几秒的时间内高速完全燃烧。

(二) 柴油机燃烧室的结构

柴油机的燃烧室按结构不同分为统一式和分隔式两种。

1. 统一式燃烧室

统一式燃烧室有两种:ω形燃烧室,如图11-1(a)所示;球形燃烧室,如图11-1(b)所示。

(a) ω形燃烧室

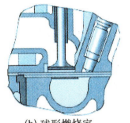
(b) 球形燃烧室

图11-1 统一式燃烧室

2. 分隔式燃烧室

分隔式燃烧室有两种:涡流式燃烧室,如图11-2(a)所示;预燃式燃烧室,如图11-2(b)所示。

(a) 涡流形燃烧室

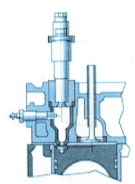
(b) 预燃式燃烧室

图11-2 分隔式燃烧室

3. 四种燃烧室的对比

4种燃烧室的对比见表11-1。

表11-1 四种燃烧室的比较

燃烧室种类		配套喷油器和喷油压力	压缩比	特 点
统一式	ω形	4孔式喷油器,喷油压力高	较低	结构简单,易于起动,热效率高;工作较粗暴,喷油器喷孔易堵塞
	球形	2孔式喷油器,喷油压力高	较低	结构简单,热效率高,经济性好,工作柔和,但冷起动性差,喷油器喷孔易堵塞
分隔式	涡流式	轴针式,喷油压力低	较高	气缸内高速旋转的空气形成涡流,促进油气混合,工作柔和,热损失大,起动困难,经济性差
	预燃式	轴针式,喷油压力低	较高	燃油喷在预燃室内,燃烧形成涡流,帮助后续喷入的燃油与空气迅速混合,工作柔和,冷起动性好,动力性略差

二、可燃混合气的燃烧过程

(一)柴油混合气的燃烧过程

柴油混合气的燃烧过程分4个阶段,如图11-3所示。柴油机燃烧过程的工作区间和工作特点见表11-2。

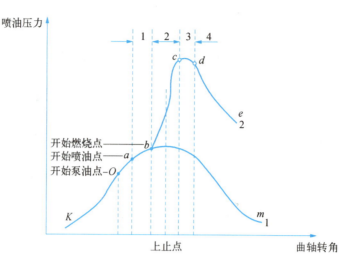

图11-3 柴油机燃烧过程

表11-2 柴油机燃烧过程

序号	阶段名称	工作区间	工作特点及要求	图线段
1	滞燃期	从喷油到柴油开始自燃	为燃烧作准备,适当控制滞燃期,否则易工作粗暴	a~b
2	速燃期	从开始着火到气缸产生最大压力	速燃期燃烧应集中在上止点附近,燃烧产生的热量主要用于做功	b~c
3	缓燃期	从最大压力至喷油结束	因废气增多等因素,燃烧速度减慢,缩短缓燃期	c~d
4	补燃期	喷油停止至燃烧结束	燃烧速度放慢,热量被冷却水吸收,减少补燃,及时停止燃烧	d~e

(二)影响柴油燃烧的因素

影响燃烧的因素有:

(1)气缸内压缩终了的温度:一般由压缩比、气缸的密封(活塞环、气门等的密封性)保证。

(2)喷油质量:一般由喷油压力、喷油正时及喷雾质量保证。

(3)油气混合:一般由喷油压力、雾状油束方向及进气道和活塞顶涡流洼坑保证。

三、传统柴油机燃料供给系的组成与工作原理

(一)柴油机燃料供给系的作用

柴油机燃料供给系的作用是,依据发动机的工况,适时适量地向各缸提供清洁的、高压雾状柴油,为柴油高速完全燃烧创造条件。

(二) 柴油机燃料供给系的组成

柴油机燃料供给系由燃油供给、空气供给、混合气形成和废气排出等4部分组成,如图11-4所示。

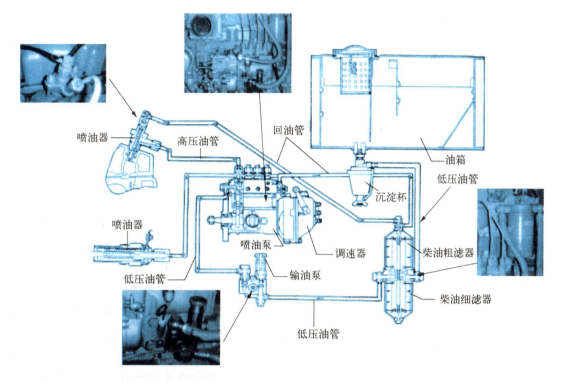

图 11-4 柴油机燃料供给系的组成

(1) 燃油供给装置由柴油箱、柴油滤清器、输油泵、低压油管、喷油泵、高压油管、喷油器和回油管等组成。

(2) 空气供给装置由空气滤清器、进气管、气缸盖内的进气道等组成。

(3) 混合气形成装置包括气缸盖上的预燃室和涡流室以及活塞顶上的涡流凹坑所组成燃烧室。

(4) 废气排出装置由气缸盖内的排气道、排气管及排气消声器等组成。

(三) 柴油机燃料供给系的工作原理

输油泵将柴油从油箱中吸出,经低压油管通过滤清器滤去杂质后进入喷油泵。通过喷油泵增压,根据发动机的需要按时按量将高压柴油经高压油管输送到各缸喷油器,喷入燃烧室。喷油嘴回漏的少量柴油经喷油器回油管流回油箱。由于输油泵提供的燃油量必须多于喷油泵泵出的油量,所以多余的低压柴油经喷油泵回油管流回油箱。

1. 柴油的特性

(1) 柴油的燃点。柴油在其温度达到一定时,不需点火即会自行燃烧,此温度(300℃左右)即为柴油的燃点。

(2) 柴油凝点是指柴油失去流动性的温度。柴油的牌号是按凝点来划分的。0号柴油指该柴油于0℃时失去流动性。

(3) 对柴油的要求。

柴油机对柴油有下列要求：

1) 良好的燃烧性。

2) 良好的低温流动性。

3) 适宜的黏度和蒸发性。

4) 对机件无腐蚀性。

5) 不含机械杂质和水分。

四、电控柴油机燃料供给系的组成与工作原理

（一）柴油机共轨系统的作用

柴油机共轨系统的作用是将高压的燃油按照做功顺序分配到每一个气缸，在正确的时间点，向气缸内喷入一定数量的燃油。

（二）柴油机共轨的特点

共轨系是储压型的喷射系统。在共轨系统压力产生和燃油喷射各自独立发生。装在V形缸体内独立的高压泵持续产生压力。该压力储存在油轨中，并沿着短的喷射管向一列气缸的喷油器供油。ECU控制喷入气缸的油量，并通过喷油器上的电磁阀控制喷油时间。其优点是喷油压力在性能范围的数值内可任意选取，如图11-5所示；在低转速及节气门半开时，可得到高的喷射压力；有预喷过程，主喷油过程及后燃喷油可随之变化供油始点；对于柴油机燃烧过程在全喷射过程的适应性的改进上具有很大的潜力；能最佳完成排气后的二次处理。

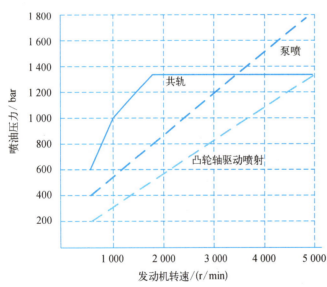

图11-5 共轨喷射与其他喷射的区别

（三）柴油机共轨系统的构造

柴油机共轨系统由燃油供给系统和发动机控制管理系统组成。燃油供给系统由低压供给系统和高压供给系统组成。

低压供给系统由燃油预供泵、燃油泵、燃油滤清器和齿轮泵组成，如图11-6所示。高压供给系统由高压燃油泵、燃油配比阀、燃油压力调节阀、油轨和喷油器等组成。

发动机控制管理系统由柴油机喷射系统控制单元、空气流量计、发动机转速传感器、凸轮轴位置传感器（霍尔传感器）、水温传感器、进气管压力传感器、节气门压力传感器，还有除了喷油器之外的EGR阀、进气管熄火阀、充气阀等辅助执行机构等组成，如图11-7所示。

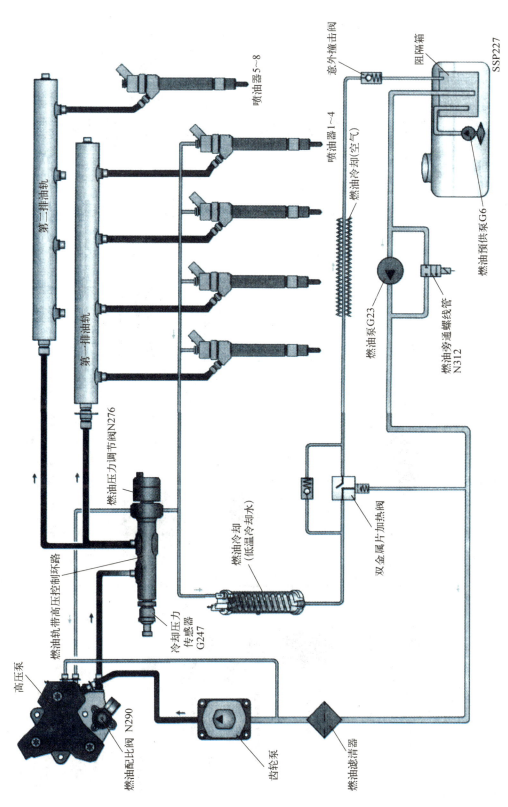

图 11-6 燃油供给系统

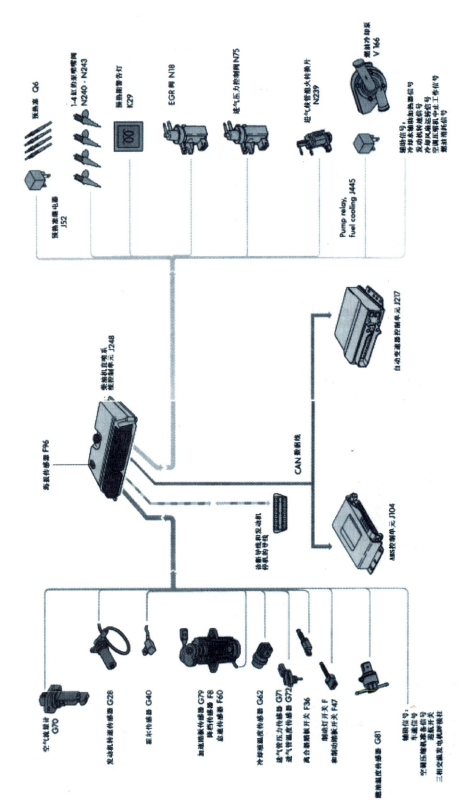

图11-7 柴油机控制管理系统

活动二　传统柴油机燃料供给系主要零件的结构与拆装

输油泵、喷油器、喷油泵和调速器是柴油机燃料供给系中重要的组成零件,它们将柴油加压、按照发动机的做功顺序喷射到气缸内,和空气进行混合。

一、喷油器
(一) 喷油器的作用和要求
1. 作用
喷油器将来自喷油泵的高压柴油雾化成细小颗粒,喷入燃烧室中。
2. 要求
(1) 喷油器应具有一定的喷射压力、射程和合适的喷射锥角,如图 11-8 所示。
(2) 雾状良好,无明显油线。
(3) 断油迅速,不发生燃油滴漏现象。

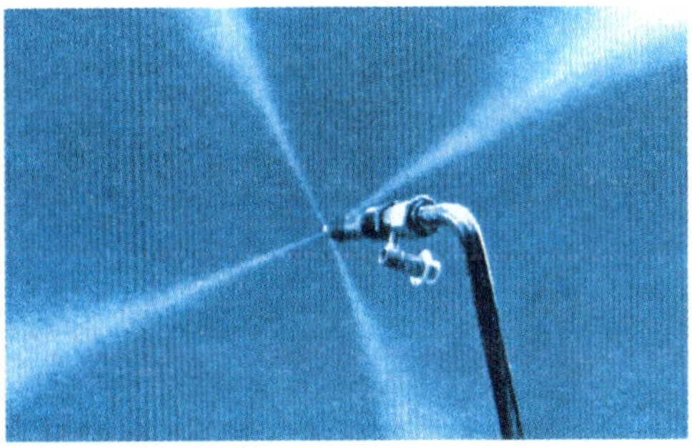

图 11-8　喷油器的喷射

(二) 孔式喷油器的结构
喷油器由喷油嘴、壳体、调压件 3 部分组成,如图 11-9 所示。

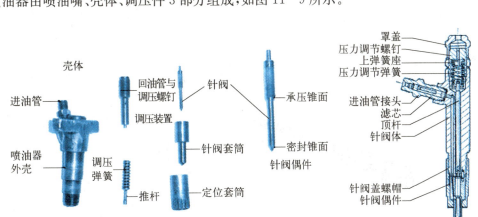

图 11-9　孔式喷油器

针阀由针阀偶件和针阀套筒组成。为密封高压燃油,并保证针阀的高速运动,两者间要求有精确的配合间隙。针阀中部的锥面位于针阀体的环形高压油腔内,由于它承受油压,称为承压锥面。针阀下端的锥面与针阀体上相应的内锥面配合,起密封作用,称为密封锥面。调压弹簧通过推杆,将针阀的密封锥面压紧在针阀体的内锥面上,使喷孔在不喷油时可靠关闭。

调压件是控制和调节喷嘴开启压力的装置,由调压弹簧、调压螺钉、回油管及推杆组成。通过拧入或拧出调压螺钉可改变调压弹簧预紧力,从而调整喷油压力。

注意 针阀偶件是经过研磨配对的,拆装和维修过程中应特别注意,只能成对更换。

(三) 孔式喷油器的工作原理

当喷油泵开始供油时,高压柴油从进油口沿喷油器体和针阀体内的油道进入针阀体下面的高压环形油腔内,高压柴油作用在承压锥面上,产生向上抬起针阀的作用力,该力克服调压弹簧的预紧力后,针阀向上升起,喷油孔打开,柴油喷入燃烧室,如图 11-10 所示。

当喷油泵停止供油时,出油阀在弹簧作用下落座。由于出油阀减压环带的减压作用,高压油腔内油压骤然下降,在弹簧力的作用下,针阀迅速关闭喷孔,停止喷油。

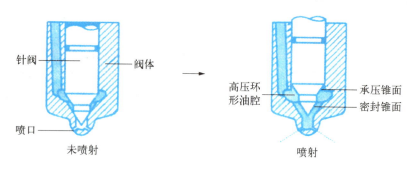

图 11-10 孔式喷油器的工作原理

孔式喷油器喷孔数目有 1~8 个,可喷出一个或几个锥角与燃烧室形状对应的油束。喷孔越多则孔径越小,柴油的雾化越好,分布越均匀。但孔径小易被积炭堵塞,同时需要更高的喷油压力。

(四) 轴针式喷油器

轴针式喷油器结构与工作原理与孔式喷油器基本相同,如图 11-11 所示。

图 11-11 轴针式喷油器

与孔式喷油器不同,针阀最下端延伸出一个倒锥形或圆柱形的轴针,伸出喷孔外,使喷孔成为圆环状的狭缝。油束呈空心的锥状或柱状。

轴针式喷油器一般只有一个喷孔(孔径为 1~3 mm)。

 操作步骤

(五) 喷油器的认知与拆装

喷油器的认知与拆装内容体现在工作页 16 中。

工作页 16

喷油器的认知与拆装	班级		日期	
	姓名		成绩	

实训目标
1. 了解喷油器的结构。
2. 能熟练拆装喷油器。

实训主要设备
1. 柴油机喷油器 3 个。
2. 一位教师带教 12 位学生,分成 3 组,严格按照下列步骤完成工作页。

实训步骤

    1. 喷油器的拆卸

（1）用铜片包裹喷油器外部,针阀朝下夹在台虎钳上。

（2）旋松调压螺钉的紧固螺母。拧下调压螺钉,将喷油器体从台虎钳上取下。倒出调压弹簧、推杆等件,如图 11-12 所示。

图 11-12　拆卸喷油器的调压装置　　　　图 11-13　拆卸喷油器的针阀偶件

（3）将喷油器壳体针阀朝上夹在台虎钳上,拧下阀体紧固螺母,取下针阀偶件。若针阀卡在阀座中,一时无法拔出,将针阀浸泡在煤油中,一段时间后,用手钳垫铜片夹住针阀尾端,拉出针阀,如图 11-13 所示。

    2. 喷油器的结构认知

（1）喷油器的作用是_____

_____。

它由_____、_____、_____ 3 部分组成。

（2）指认图 11-14 中喷油器针阀与针阀套筒偶件各零件。

    1)_____,2)_____,3)_____,4)_____,

    5)_____。

图 11-14　喷油器针阀与针阀套筒偶件各零件　　　　图 11-15　喷油器的调压装置各零件

项目十一　柴油机燃料供给系的结构与拆装

(续 表)

(3) 指认图 11-15 中喷油器的调压装置各零件。
1) _____, 2) _____, 3) _____, 4) _____,
5) _____。

3. 喷油器的安装
(1) 清洁所有零件并检查合格后进行组装(起密封作用的紫铜垫圈应换新件)。
(2) 装喷油器体包以铜皮,夹上台虎钳。先装针阀偶件,拧紧针阀紧固螺套,至规定扭矩。
(3) 将喷油器体针阀向下夹上台虎钳。装入推杆、调压弹簧、调压螺钉,拧上调压螺钉紧固螺帽。
(4) 将喷油器装上发动机时,注意要保持安装孔内的清洁。喷油器下部的密封铜垫应换新件。

二、输油泵

(一) 输油泵的概述

1. 作用

输油泵向喷油泵输送一定的压力和数量的燃油,输油量远高于全负荷时的最大供油量。

2. 结构型式

常见的输油泵有活塞式和叶片式两种。活塞式输油泵通常与柱塞式喷油泵配套,如图 11-16 所示。

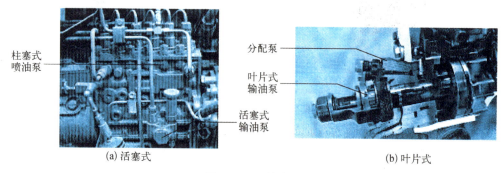

图 11-16 输油泵

(二) 活塞式输油泵结构

活塞式输油泵的结构如图 11-17 所示,主要由机械泵总成及手泵总成组成。

在输油泵壳体内装有活塞、推杆、滚轮、活塞回位弹簧,两边分别用大螺母和卡簧定位。进油阀定位螺母和出油阀定位螺母分别拧紧在壳体上,进、出油阀与弹簧安装在壳体的阀座上。手油

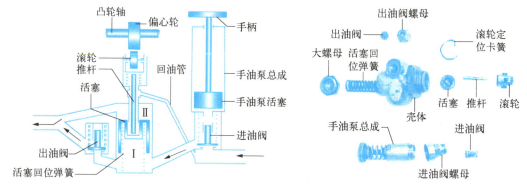

图 11-17 活塞式输油泵结构

泵总成拧紧在进油阀定位螺母上。

（三）活塞式输油泵工作原理

（1）准备压油过程：如图 11-17 所示，喷油泵凸轮轴旋转时，轴上的偏心轮推动滚轮、推杆和活塞向下运动，泵腔Ⅰ因容积减小而使其中柴油油压升高，关闭进油阀，压开出油阀，柴油由泵腔Ⅰ通过出油阀流向泵腔Ⅱ。

（2）吸油和压油行程：当偏心轮凸起部分转离滚轮时，活塞在弹簧的作用下上行，泵腔Ⅱ中的柴油油压增大，出油阀关闭，柴油经油道流向滤油器。此时，泵腔Ⅰ容积变大，压力下降，进油阀被吸开，柴油经进油口和进油阀流入泵腔Ⅰ。

（3）输油量的自动调节：当活塞的行程等于偏心轮的偏心距时，输油量最大。当喷油泵需要的油量减少时，泵腔Ⅱ的油压将随之增高，推杆与活塞之间产生了空行程，即活塞的有效行程减小，输出的油量即减少。

（4）用手油泵泵油：利用活塞在泵体内抽动，形成一定真空，进油阀被吸开，柴油被吸入泵体，然后再压入泵腔Ⅰ，并推开出油阀而输出。停止使用手油泵后，应将手柄拧紧在手泵体上，以防空气渗入油路，影响输油泵工作。

四、输油泵的认知与拆装

工 作 页 17

输油泵的认知与拆装	班级		日期	
	姓名		成绩	

实训目标
1. 了解输油泵的结构。
2. 能熟练拆装输油泵。

实训主要设备
1. 柴油机输油泵 3 个。
2. 一位教师带教 12 位学生，分成 3 组，严格按照下列步骤完成工作页。

实训步骤
1. 拆卸输油泵
（1）拆下输油泵大螺母，取出输油泵活塞、弹簧和推杆，如图 11-18 所示。

图 11-18 拆卸输油泵活塞、弹簧和推杆　　图 11-19 拆下输油泵的手泵和进、出油阀

(续表)

(2) 拆下滚轮的定位卡簧,拆下滚轮总成。
(3) 拆下输油泵的手泵和进、出油阀,如图 11-19 所示。
2. 输油泵的结构认知
(1) 输油泵的作用是_____
_____。
它由_____和_____两部分组成。
(2) 指认图 11-20 中的输油泵机械泵总成各零件。
1) _____,
2) _____,
3) _____,
4) _____,
5) _____,
6) _____,
7) _____,
8) _____,
9) _____,
10) _____,
11) _____。

3. 安装输油泵
(1) 安装输油泵的手泵和进、出油阀。注意更换密封片。
(2) 安装滚轮的定位卡簧和滚轮总成。
(3) 安装输油泵活塞、弹簧和推杆,拧上输油泵大螺母。

图 11-20 输油泵机械泵总成各零件

三、柱塞式喷油泵

(一) 喷油泵的作用和要求

(1) 作用:提高柴油压力,并依据发动机不同工况,按做功顺序将高压柴油定时定量地提供给相应气缸的喷油器。

(2) 要求:① 各缸的供油次序应符合发动机做功顺序;② 保持各缸供油量的均匀性;③ 各缸供油提前角差值符合技术要求;④ 在柴油机转速和负荷变化时,能及时更改供油量。

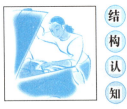

结构认知

(二) 柱塞式喷油泵的结构与工作原理

柱塞式喷油泵由分泵总成、油量调节机构、驱动总成和泵体等组成,如图 11-21 所示。

1. 分泵

分泵将柴油加压分配到每个气缸,各缸由一个分泵负责供油。例如四缸柴油机的喷油泵由 4 个分泵组成。同一喷油泵上的各个分泵的构造和尺寸完全相同,其数量和柴油机气缸数一致。分泵由柱塞偶件和出油阀偶件等组成,如图 11-22 所示。

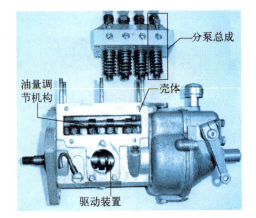

图 11-21 柱塞式喷油泵的结构

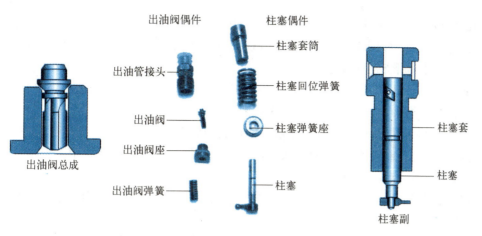

图 11-22 分泵的构造

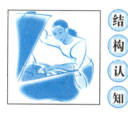

结构认知

(1) 柱塞偶件的结构和工作原理

柱塞和柱塞套是喷油泵中的精密偶件，如图 11-23 所示。柱塞圆柱表面开有螺旋线斜槽，并通过直槽或柱塞内油孔与柱塞顶面相通。

柱塞套筒通过柱塞套定位螺钉固定在喷油泵上体上。

 注意　偶件指两个零件通过精密加工，有很高的配合精度。如需换件则成对更换。

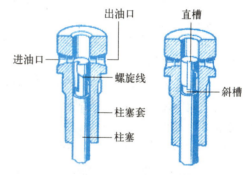

图 11-23 柱塞偶件的结构

柱塞在柱塞套筒内有两种运动：其一，由凸轮驱动，在柱塞套内作往复直线运动，起吸油和压油的作用；其二，被油量调节机构操纵，在柱塞套内转动，起改变供油量的作用。

工作原理如下：

1) 进油：如图 11-24(a)所示。喷油泵凸轮凸起转过滚轮体后，柱塞在回位弹簧作用下，下

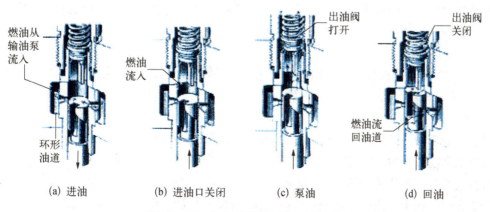

图 11-24 柱塞式喷油泵的工作原理

移到油孔下方,柱塞上方容腔增大,燃油自低压油腔经两油孔吸入,充满柱塞上腔。

2) 进油口关闭:如图 11-24(b)所示。柱塞自下止点上行,直至柱塞上部的圆柱面将油孔完全封闭,柱塞上部形成密封容腔。

3) 泵油:如图 11-24(c)所示。柱塞继续上升,此时,油压升高,克服出油阀弹簧的预紧力,出油阀打开,高压燃油通过高压油管向喷油器供油。

4) 回油:如图 11-24(d)所示。柱塞上移至表面斜槽与柱塞套筒油孔接通时,柱塞上腔燃油便通过柱塞内油孔或直槽,经斜槽流入低压油腔。出油阀在回位弹簧作用下关闭。之后柱塞继续上升至上止点,但并不泵油。

从柱塞头部封闭油孔开始压油,到柱塞斜槽对准油孔开始回油,这一段柱塞行程称为柱塞的有效行程。

柱塞上下运动的总行程受凸轮形状的限制是不变的,柱塞只有在其有效行程内才泵油,有效行程的改变靠改变柱塞斜槽与柱塞套油孔的相对位置来实现。有效行程长,供油量多;反之,则少。柱塞在运动时,若不能完全封闭油孔,有效行程为零,喷油泵不泵油。

(2) 出油阀偶件的结构和工作原理

在柱塞上腔油压高于出油阀弹簧弹力时,出油阀打开。在柱塞回油时,出油阀在弹簧弹力的作用下迅速关闭。

出油阀装在柱塞套的上端,其结构如图 11-25 所示。出油阀圆锥面是阀的密封表面。阀的尾部同阀座内孔作滑动配合,为出油阀的运动导向。尾部切槽,制成十字形断面,留出油流通道。

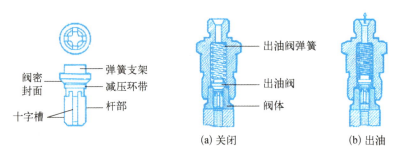

图 11-25 出油阀的结构

阀中部的圆柱面为减压环带。它的作用是,在柱塞供油停止后,迅速降低高压油管中的燃油压力,使喷油器停止喷油。

2. 油量调节机构

(1) 功用:根据柴油机负荷和转速的变化,通过转动柱塞,改变柱塞斜槽与柱塞套筒油孔的相对位置,达到改变供油量,保证各缸供油量一致。

(2) 油量调节机构类型

拨叉式油量调节机构由柱塞调节臂、拨叉、拨叉轴和供油拉杆组成,如图 11-26 所示。调速器轴向移动供油拉杆时,拨叉带动柱塞调节臂转动柱塞,从而调节了供油量。

齿杆式油量调节机构由齿杆、齿圈和传动套等组成,如图 11-27 所示。柱塞下部的条形块卡在传动套的切槽中。当齿杆在调速器的控制下移动时,带动传动套上的齿圈转动,使柱塞在柱塞套筒转动,从而调节供油量。

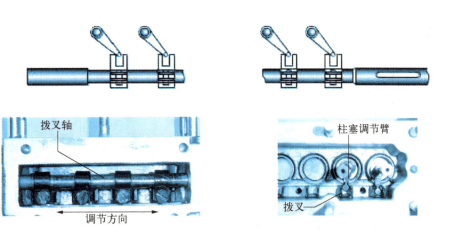

图 11‑26 拨叉式油量调节机构的结构和工作原理

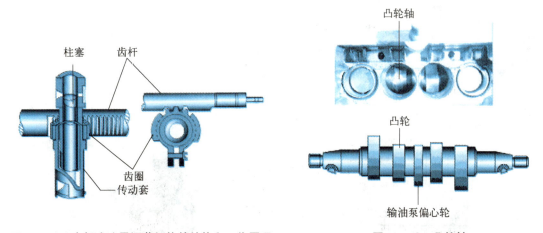

图 11‑27 齿杆式油量调节机构的结构和工作原理　　图 11‑28 凸轮轴

3. 喷油泵传动机构

(1) 作用：喷油泵传动机构的作用有两个：① 推动柱塞往复运动，完成进油、压油、回油过程；② 保证供油正时。

(2) 组成：喷油泵传动机构由凸轮轴、滚轮传动部件、喷油泵正时齿轮等组成。

喷油泵凸轮轴的两端支承在泵体上的圆锥滚子轴承中，其前端通过联轴器与喷油泵正时齿轮输出轴相连，其后端安装调速器，如图 11‑28 所示。

滚轮传动部件是将凸轮的推力传给柱塞的组件，如图 11‑29 所示。它由滚轮架、滚轮轴、衬

图 11‑29 滚轮传动部件的结构

套、滚轮和垫块组成。

4. 泵体

喷油泵的泵体分上体和下体两部分。各分泵和高压油管接头装在上体上，油量调节机构和传动机构等都装在下体上。上体有纵向油道与柱塞套周围的低压油腔相通；下体可贮存润滑油，以保证传动机构的润滑。

四、调速器

(一) 调速器的作用

调速器有以下作用：① 当柴油机负荷改变时，调速器自动地改变供油量以维持稳定运转。② 限制最高转速。油门开度最大时，若负荷突减，转速将急剧升高。当转速超过最高转速时，调速器开始自动减油，甚至停止供油，从而使转速下降，有效防止飞车。③ 保持怠速平稳。

(二) 调速器的结构

调速器由(钢球)离心块总成、推力盘、调速器弹簧、高转速调整螺钉、油门拉杆、低转速调整螺钉、熄火拉杆和供油拉杆等组成，如图 11 - 30 所示。

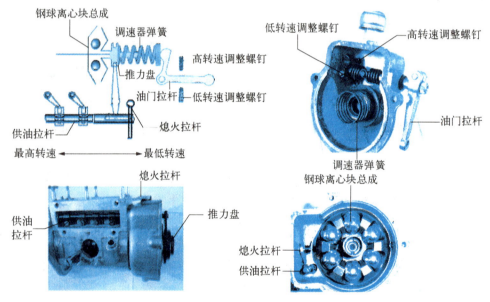

图 11 - 30　调速器的结构和工作原理

(三) 调速器的工作原理

(1) 发动机熄火时，供油拉杆在熄火拉杆的作用下处于停供位置，熄火后供油拉杆在调速器弹簧的作用下处于最大供油位置(最左边)。发动机运行时，供油拉杆在离心块的作用下向右移动。

(2) 当发动机工作时，调速器弹簧的弹力和飞球离心力的合力决定了供油拉杆的位置。调速器弹簧的弹力主要受油门踏板位置的影响，踏板越往下踩，弹簧弹力相应增大，供油向增油方向移动。反之则减油。而飞球的离心力由发动机的转速决定，发动机转速上升，离心力增大，供油拉杆向减油方向移动。当油门踏板不变时,若发动机荷载增大,发动机转速下降,离心力减小,供油拉杆向增油方向移动,使发动机转速趋于稳定。

(3) 高转速调整螺钉限制了油门拉杆加油的极限位置,从而限制了最高转速。低转速调整螺钉限制了油门拉杆减油的极限位置,保证了怠速时的稳定运转。

(四)调速器和喷油泵的认知与安装

操作步骤

工作页 18

调速器和喷油泵的认知与拆装	班级	日期
	姓名	成绩

实训目标
1. 了解喷油泵和调速器的结构。
2. 能熟练拆装喷油泵和调速器。

实训主要设备
1. 柴油机喷油泵和调速器各3个。
2. 一位教师带教12位学生,分成3组,严格按照下列步骤完成工作页。

实训步骤
　　1. 拆卸喷油泵和调速器
(1) 拧松喷油泵上体螺母,并分解分泵总成。

 注意　每一对柱塞与柱塞套筒,出油阀与出油阀座要按原件配对装复,如图11-31所示。

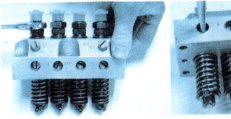

图11-31　拆卸分泵

(2) 从壳体上拧松滚轮定位螺钉,按顺序拆下各滚轮总成,如图 11-32 所示。

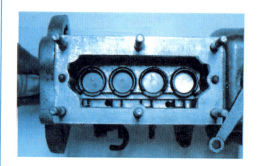
图 11-32 拆卸滚轮

图 11-33 拆卸调速器外壳

(3) 拧松调速器外壳紧固螺钉,拆下调速器外壳,取下调速器弹簧,如图 11-33 所示。
(4) 拆下调速器钢球护罩锁片,取下调速器推力盘,如图 11-34 所示。
(5) 转动凸轮轴取下所有钢球。
2. 喷油泵和调速器的认知
(1) 喷油泵的认知。
1) 喷油泵的作用是什么?
_____
_____。
它由_____、_____、_____、_____组成。

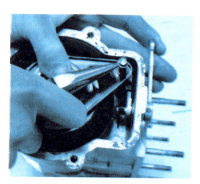
图 11-34 拆卸调速器推力盘

2) 认知图 11-35 中柱塞偶件的各零件。
① _____,② _____,
③ _____,④ _____。

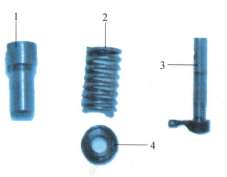
图 11-35 柱塞偶件的各零件

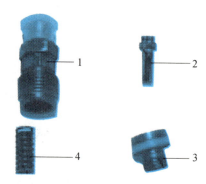
图 11-36 出油阀偶件的各零件

3) 认知图 11-36 中出油阀偶件的各零件。
① _____,② _____,③ _____,④ _____。
4) 认知图 11-37 中油量调节装置的各零件。
① _____,② _____。

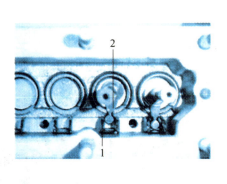

图 11-37 油量调节装置的各零件

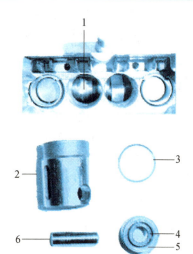

图 11-38 驱动装置的各零件

5) 认知图 11-38 中驱动装置的各零件。
① _____，② _____，③ _____，④ _____，
⑤ _____ ⑥ _____。
6) 认知图 11-39 中调速器的各零件。
① _____，② _____，③ _____，④ _____，
⑤ _____，⑥ _____，⑦ _____。

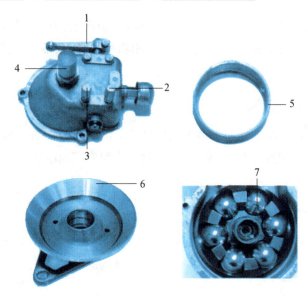

图 11-39 调速器的各零件

3. 安装喷油泵与调速器
(1) 安装调速器推力盘和调速器钢球护罩锁片。
(2) 安装调速器弹簧，装上调速器外壳，拧紧调速器外壳紧固螺钉。
(3) 按顺序安装各滚轮总成，拧紧滚轮定位螺钉。
(4) 安装分泵总成，拧紧喷油泵的上体螺母。

五、喷油泵的驱动与供油正时简介

（一）喷油泵的驱动

喷油泵是由柴油机曲轴正时齿轮驱动的，如图 11-40 所示。喷油泵驱动齿轮要对记号安装。

（二）供油提前角调节装置

1. 供油提前角

喷油泵的分泵提供高压油的时刻与该缸压缩上点的曲轴夹角称为供油提前角。供油提前角为柴油进入气缸后预热、进一步细化并与空气的良好混合提供了必要的时间。

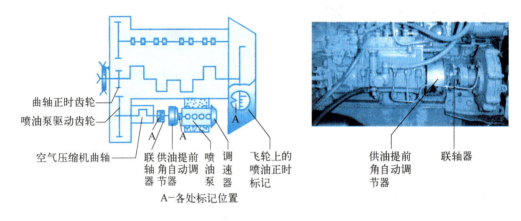

图 11-40　喷油泵的驱动

供油提前角过大时，活塞未到达上止点时即燃烧，会引起柴油机工作粗暴、怠速不稳和起动困难；提前角过小时，将使燃烧滞后，使燃烧不完全和功率下降，柴油机过热，导致动力性和经济性降低。

2. 供油提前角自动调节器的构造和工作原理

（1）构造

如图 11-41 所示，供油提前角自动调节器安装于喷油泵凸轮轴的前端，用联轴器驱动，由主动件、从动件和离心件 3 部分组成。它是一个密封体，内腔充满润滑油。

图 11-41　供油提前角自动调节器的构造

（2）工作原理

转速低时，飞块向内收拢，调节器不起作用。转速升高到一定程度时，飞块离心力增大，并以飞块销为支点，克服调节弹簧张力向外飞开，飞块的内圆弧面迫使驱动销压缩调节弹簧，驱动销逐渐向内侧靠近,飞块销和驱动销的距离缩短。由于驱动销是主动件,缩短距离的结果使飞块销带动从动盘按喷油泵凸轮轴的转动方向多了一个角度,使供油提前,直到飞块的离心力与调节弹簧张力相平衡为止,主动件和从动件同步转动。

(三) 联轴器

1. 作用

联轴器的作用:① 补偿喷油泵安装时凸轮轴和驱动轴的同轴度偏差;② 用相对的角位移调节供油提前角,以获得最佳的喷油提前角。

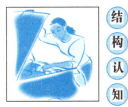

2. 构造及工作原理

现代柴油机上使用挠性片式联轴器,如图 11-42 所示。它由主动连接叉和喷油泵凸轮轴组成,其挠性作用是通过两组圆形弹性钢片来实现的。靠其挠性可使驱动轴与凸轮轴在少量同轴度偏差的情况下无声传动。两组圆形弹性钢片有所不同,钢片的内孔与主动连接叉紧固连接,外孔是两个弧形孔,用两个连接螺钉和调节器连接,以便调节供油提前角的大小。

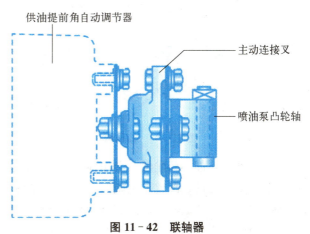

图 11-42 联轴器

活动三 电控柴油机主要结构认知

一、低压油路

(一) 预供泵和燃油泵

当起动机工作时,由装在油箱内的电动预供泵(G6 驱动的两个吸油喷射泵输油泵,结构如同汽油泵)向燃油泵(G23 装在外部的右侧)提供压力,参见图 11-6。燃油泵向齿轮泵提供 3 bar（1 bar=10^5 Pa）压力的燃油。这使发动机在任何温度都可迅速启动。发动机启动后燃油泵即断电不工作。

(二) 齿轮泵

齿轮泵是机械自助式预供泵,由右列气缸入口的凸轮轴直接驱动,其结构如同机油泵,如图 11-43 所示。齿轮泵从隔板腔中吸出燃油,并在发动机启动运转后通过旁通管将燃油泵入(绕过燃油泵)高压泵。

二、高压油路

(一) 高压泵

高压泵在其 V 形腔内装有受控制的燃油计量阀及 3

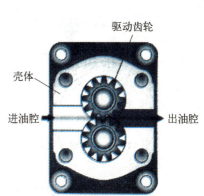

图 11-43 齿轮泵

个按120°分佈的活塞,如图11-44所示。输入轴每转一周供油3次,所消耗的最大扭矩是在1 380 bar时为17 N·m,是传统喷油技术喷油泵消耗能量的1/9。

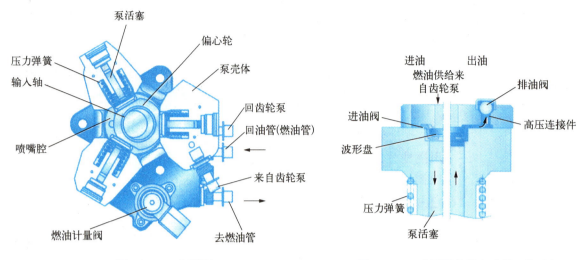

图 11-44 高压泵　　　　　　图 11-45 高压泵的进出油阀工作过程

输入轴及其偏心凸轮使3个单体泵的栓塞按正弦波模式上下运动。齿轮泵使燃油压入喷嘴腔时通过用于燃油量配比的电磁阀(N290)的节流阀孔进入燃油压力调节阀,使燃油一部分流入油轨(燃油管),一部分流入冷却环路,如图11-6所示。

如果供油压力超过安全阀的开启压力(0.5~1.5 bar),齿轮泵能使燃油通过单体泵上的进油阀使柱塞下行(进油行程),如图11-45所示。若柱塞到达下止点,进油阀再次关闭,当柱塞向上运动时,燃油将被压缩至其压力超出齿轮泵压力。当压力超出油轨压力时,出油阀打开,高压油进入高压油环路。

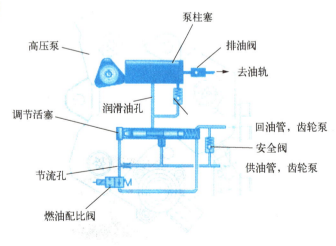

图 11-46 燃油配比阀的工作原理

(二) 燃油计量阀 N290

高压泵的输入轴由凸轮轴带动的齿带驱动。它相对发动机转速的传动比为 $i=2/3$。在节气门部分开启及发动机高速运转时,高压泵可提供比喷入气缸所需更多的燃油喷入气缸形成浓混合气。为了减少高压泵的动力消耗,降低燃油温度,燃油通过电磁阀 N290 直接将多余的燃油流回回油通道(内部回路)。

断电时,配比阀开启,控制柱塞被弹簧弹力推到左侧并使高压泵的横截面减至最小。当电磁阀激活时,配比阀关闭。控制压力下降,流入高压泵的燃油增加,如图 11-46 所示。

(三) 燃油压力调节阀 N276

该阀装在油轨中,调节燃油的压力。

发动机工作(ON)时,为了增加油轨的压力,电磁线圈提供电磁力与高压泵的高压对立。通过改变流量和流向使控制单元将油轨压力控制在最佳状态,同时油轨内波动得以补偿。一定数量的燃油在压力调节阀上通过回油管返回油箱。发动机不工作(OFF)时,在停机位置(阀断电)压缩弹簧的弹力与来自高压泵的压力平衡。建立起大约 100 bar 的油轨压力,如图 11-47 所示。

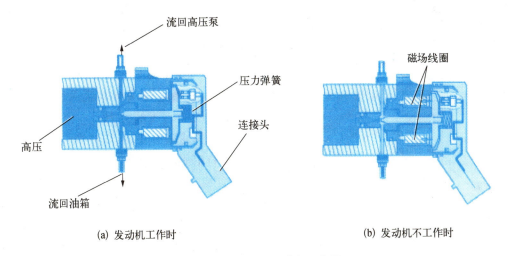

图 11-47 燃油压力调节阀工作原理

(四)装有高压控制回路的油轨

油轨装有燃油压力传感器及油压电控阀,并在油压高于 1 350 bar 的燃油压力下均匀将燃油分配到两条油轨里,如图 11-48 所示。

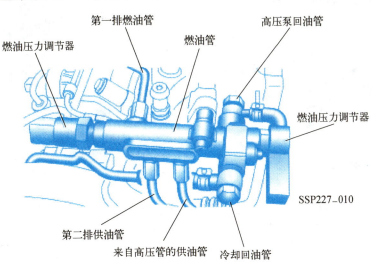

图 11-48 装有高压控制回路的油轨

(五)喷油器

1. 喷油器的结构

由于缸盖内有效空间的限制,使用了直径为 17 mm 的细喷油器,由与喷油器针阀一体的 6 孔喷嘴、正时系统、电磁阀和输油管等组成。燃油从高压接头沿油管通到喷嘴并通过供油节流器进入阀正时空间。阀正时空间通过回油节流孔与回油管连接,回油节流孔可以通过电磁阀开启,

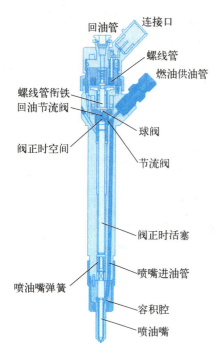

图 11-49 喷油器的结构

如图 11-49 所示。

2. 喷油器的工作原理

发动机熄火时，来自油轨的燃油从喷油器高压接头涌入容积腔和阀正时空间，由于阀正时活塞上面的接触面积比容积腔内的接触面积大，会产生 1.5 倍的压力差（在工作腔空间和阀正时空间之间产生 40 bar 的压力差），加上喷油器弹簧弹力，阀控制柱塞将喷油针阀紧压在阀座上，喷油器弹簧使喷油器保持关闭，如图 11-50 所示。

发动机工作时，如果电磁阀有电流通过，产生的磁力将超过电磁阀弹簧的关闭阀的弹力。电磁阀打开节流孔（器）使阀正时空间的油压下降，从而减少在喷嘴上的关闭力。因此喷油嘴打开，高压燃油喷入气缸，如图 11-51 所示。

如果电磁阀断电，阀弹簧再次压在阀的衔铁上或阀球降到阀座上。回油截流器关闭，同时控制空间的压力，升至系统压力。作用在喷嘴上方的关闭力大于喷嘴施加在阀座上的开启力，从而使喷油器关闭。

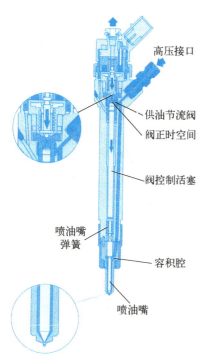

图 11-50 喷油器发动机熄火时的工作状态

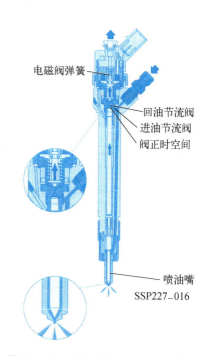

图 11-51 喷油器发动机时的喷射状态

现代柴油机喷油器都有预喷射阶段，如图 11-52 所示，其主要目的是：
（1）使主喷循环中火花的拖滞缩短。
（2）减少燃烧压力峰值所产生的噪音，使其低于传统发动机的相应噪音。

(3) 形成最佳混合气燃烧。

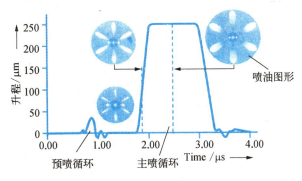

图 11-52 电控柴油机的喷射

三、发动机管理控制系统

(一) 传感器

1. 凸轮轴位置传感器

霍尔传感器安装在凸轮轴齿轮下方的正时齿带的防护罩上,如图 11-53 所示,扫描装在凸轮轴齿轮上的凸轮轴传感器盘的 7 个齿。发动机控制单元在启动发动机时,利用霍尔信号辨别哪个缸在压缩行程。

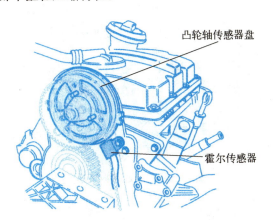

图 11-53 凸轮轴位置传感器

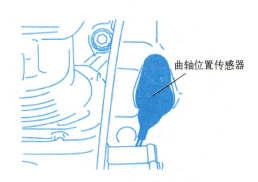

图 11-54 曲轴位置传感器

2. 发动机转速传感器 G28

发动机转速传感器是一个磁感应传感器,安装在发动机的气缸体上,如图 11-54 所示。发动机转速传感器发出的信号,显示发动机转速及曲轴的准确位置,对喷射点和喷油时间的计算都来源于此数据。如果这个信号出故障,发动机熄火。

3. 燃油温度传感器 G81

燃油温度传感器是负热敏系数传感器(NTC),即当燃油温度升高时,传感器的电阻值下降。该传感器装在从油泵到燃油冷却器的回油管上,如图 11-55 所示,并确定流过燃油的温度。

油温传感器产生的信号用于判别油温。ECU 需要该信号计算喷油的起始点及喷油量,这样它能把在不同温度燃油的密度考虑进去。另外该信号还用于开启燃油冷却泵。万一该信号出故障,ECU 从冷却液温度传感器 G62 取得替代数据。

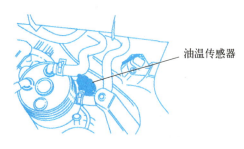

图 11-55 油温传感器

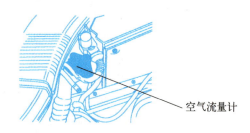

图 11-56 空气流量计

4. 空气流量计 G70

带有反向流量识别的空气流量计确定进气量,它安装在进气管上,如图 11-56 所示。在进气管吸入空气时,阀的开和关产生倒流。带有反向流量识别的热膜空气流量计,能够识别返回的空气质量并将此信号送给 ECU,这样空气质量得到高精度的检测。ECU 利用该测定值计算喷射量及废气再循环率。如果该信号错误,ECU 使用原先设定的数据。

5. 冷却液温度传感器 G62

该传感器装在缸盖上的冷却液接头上,如图 11-57 所示,向 ECU 提供流动的冷却液的温度信号。ECU 将该信号作为计算喷油量的修正数据。如该信号错误,ECU 使用油温传感器使用的信号计算喷油量。

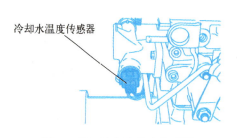

图 11-57 冷却水温度传感器

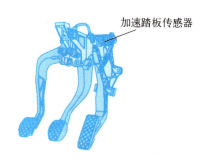

图 11-58 加速踏板传感器

6. 加速踏板传感器 G79、减档开关 F8、怠速开关 F60

加速踏板传感器位于踏板控制器上,怠速控制开关和减档开关也组合在这个传感器上,如图 11-58 所示。

发动机控制单元识别来自加速踏板位置的信号。带有自动变速器的汽车,在驾驶员加速时,减档开关会向发动机控制单元传输一个信号。如该信号错误,发动机控制单元无法知道加速踏板的位置,发动机将处于高怠速运转,保证驾驶车辆去修理厂。

7. 进气歧管压力传感器 G71、进气歧管温度传感器 G72

这两个传感器被安装在进气管中的一个单元内,如图 11-59 所示。

图 11-59 进气管压力、温度传感器

8. 高度传感器 F96

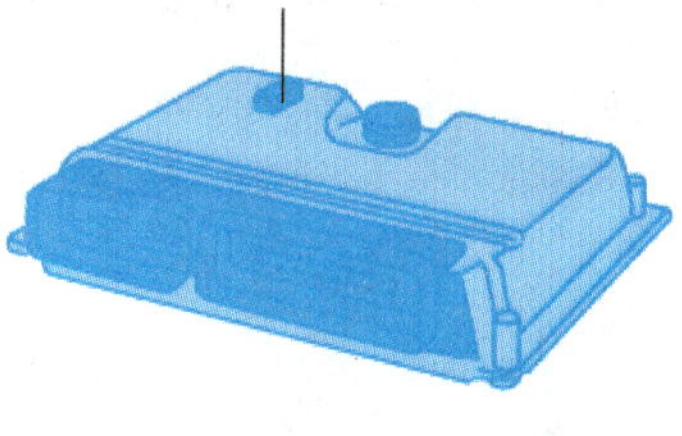

高度传感器位于发动机控制单元内,如图 11-60 所示。高度传感器将暂时的环境空气压力传给发动机控制单元。这个数值依赖汽车所处地区的海拔高度,发动机控制单元利用这个信号执行在这个高度下充入的压力和废弃再循环控制。如果该信号错误会造成在这个高度下冒黑烟。

图 11-60 海拔高度传感器

9. 离合器踏板开关 F36

离合器踏板开关装在离合器踏板上,如图 11-61 所示。当离合器结合或分离时开关将这个信号传给发动机控制单元。当离合器结合时,喷油量将暂时减少防止换档冲击。该信号错误将造成在换档时失去动力。

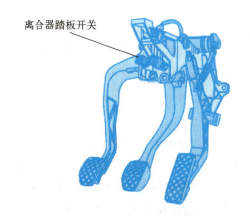

图 11-61 离合器踏板开关

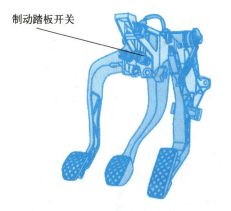

图 11-62 制动踏板开关

10. 制动灯开关 F 和制动踏板开关 F47

制动灯开关和制动踏板开关位于制动踏板控制器上,是一个单元件,如图 11-62 所示。两个开关向发动机控制单元输入制动被激活的信号,出于安全的原因,制动踏板被踩下时,就算发动机油门位置传感器损坏,发动机也是受控制的。当一个信号开关损坏时,发动机控制单元将减少供油量,发动机动力下降。

11. 辅助输入信号

(1)车速信号:发动机控制单元从车速传感器取得这个信号,该信号用于运算各种功能,比如冷却风扇的运转,在挂档时减少冲击,为了正常的运行而检查巡航系统。

(2)空调压缩机开关:此开关给 ECU 一个空调压缩机将在短期内将开始工作的信号,使 ECU 在空调压缩机工作前调高怠速,以防止空压机开始工作时,出现发动机的急减速。

(3)CCS 开关:CCS 产生的信号告诉 ECU 巡航系统已经开始工作。

(二)执行机构

1. 喷油器

前面已经叙述。

2. 进气歧管熄火-转换阀 N239

进气歧管熄火-转换阀安装在发动机上空气流量计附近,如图 11-63 所示。

柴油发动机具有高压缩比,当点火开关关闭时,引入空气的高压造成发动机抖动。此时,进气歧管熄火阀能切断空气的供给,仅少量的空气被压缩,使发动机运转平顺。

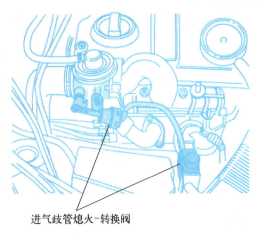

图 11-63 进气歧管熄火-转换阀

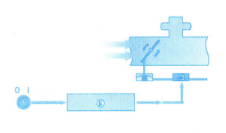

图 11-64 进气歧管熄火-转换阀的工作原理

关闭点火开关,ECU 向进气歧管熄火-转换阀提供一个信号,打开真空盒,真空盒使进气管熄火阀关闭,如图 11-64 所示。如果进气歧管熄火-转换阀失效,进气管熄火阀处于常开位置。

3. 燃油冷却继电器

燃油冷却继电器位于控制单元盒内,如图 11-65 所示。当燃油温度高于 70°时,ECU 激活燃油冷却泵。如果继电器失效,泵喷嘴流回燃油箱的燃油不被冷却,燃油箱和燃油液位传感器可能被损坏。

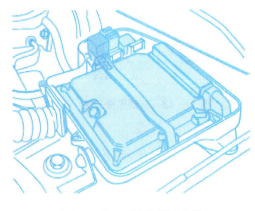

图 11-65 燃油冷却继电器

4. 进气压力控制电磁阀 N75

进气压力控制电磁阀是根据发动机实际工况而改变进气压力的增压机构,如图 11-66 所示。ECU 控制电磁阀从而控制进气压力。依靠脉冲宽度控制真空箱内的真空度的大小调节叶片的设定,进而控制充气压力。

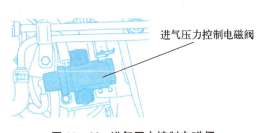

图 11-66 进气压力控制电磁阀

图 11-67 预热器警告灯

5. 预热器警告灯 K29

预热器警告灯安装在仪表盘内,如图 11-67 所示,能给驾驶员发出发动机预热启动阶段的信号,此时灯常亮。如果有自我诊断功能的机件有故障,预热器警告灯闪烁。

6. EGR 阀

将在排放控制系统进行具体的讲解。

7. 辅助输出信号

(1) 冷却液辅助加热器:由于发动机的不断改进到排出热量极少,以至于在某些工况下输出的热量不足。在寒冷季节,低温时电辅助加热器加热冷却液。

辅助加热器包括 3 个加热塞,安装在气缸盖冷却液接头内。ECU 用该信号激活低热和高热的继电器,从而根据三相交流发动机的可利用热量,接通 1,2,3 加热塞的电源。预热系统使发动机在低温时容易起动。ECU 在冷却液温度低于 9°时激活预热塞继电器,ECU 接通预热塞的工作电流。

预热的过程分为两个阶段:

1) 预热阶段。在点火开关转到 ON 后,预热塞在温度低于 9°时通电,预热警告灯亮。在预热结束时,警告灯熄灭,发动机能起动。

2) 预热后期。发动机一起动,预热后期阶段就开始,不受之前是否预热的影响。预热后期可以减轻燃烧的噪音,改善怠速质量,减少氮氢化合物。预热后期持续时间不能超过 4 min,当发动机高于 2 500 r/min 时中止。

(2) 发动机转速信号:该信号显示在仪表盘内的反向计数器内。

(3) 冷却风扇运转信号:冷却风扇的运作周期是根据 ECU 内存储的性能曲线控制的。ECU 根据流动冷却液温度和发动机的负荷控制,使用这个信号控制散热器风扇继电器位置 1。

(4) 空调压缩机中止信号:为减轻发动机负荷,ECU 在以下工况关闭空调压缩机:① 每次启动之后约 6 s;② 从最低速急加速;③ 冷却液温度超过 120°;④ 在应急运行程序中。

(5) 燃油消耗信号:该信号显示在仪表盘多功能的显示器上,提供燃油消耗信息。

四、电控柴油机的结构认知

电控柴油机的结构认知内容体现在工作页 19 中。

工作页 19

电控柴油机的结构认知	班级	日期
	姓名	成绩

实训目标
1. 指认电控柴油机各零件的名称。
2. 指认电控柴油机各传感器和执行机构各接口的名称。

实训要求
1. 3 台电控柴油机、万用表 3 个。
2. 一位教师带教 12 位学生,分成 3 组,严格按照下列步骤完成工作页。

1. 零件指认
根据图 11-68,写出下列零件的名称。
(1) _____ (2) _____ (3) _____ (4) _____
(5) _____ (6) _____ (7) _____ (8) _____

（续表）

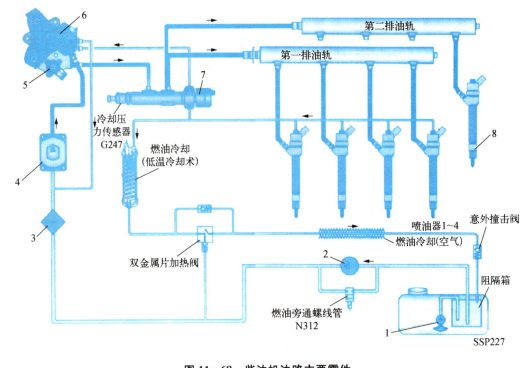

图 11-68　柴油机油路主要零件

2. 传感器和执行机构认知

(1) 在图 11-69 中，写出下列各传感器和执行机构接口的名称。

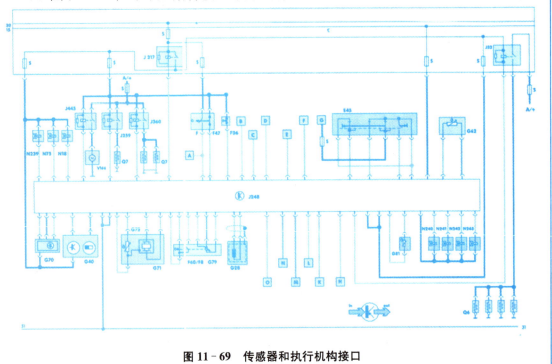

图 11-69　传感器和执行机构接口

(续表)

(1) 根据图 11-70,指认发动机转速传感器 G28 各接口的含义。

针	功 能
A	
B	
C	

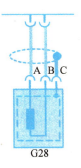

图 11-70 发动机转速传感器 G28 各接口

(2) 根据图 11-71,指认发动机转速传感器 G40 各接口的含义。

针	功 能
A	
B	
C	

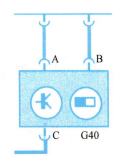

图 11-71 发动机转速传感器 G40 各接口

(3) 根据图 11-72,指认进气管压力(G71)和温度传感器(G72)各接口的含义。

针	功 能
A	
B	
C	
D	

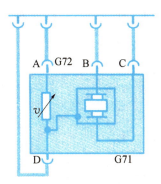

图 11-72 进气管压力(G71)和温度传感器(G72)各接口

（续　表）

(4) 根据图 11-73，指认空气流量计(G70)各接口的含义。

针	功　能
A	
B	
C	
D	

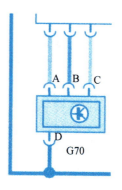

图 11-73　空气流量计(G70)各接口

(5) 根据图 11-74，指认冷却液温度(G62)各接口的含义。

针	功　能
A	
B	

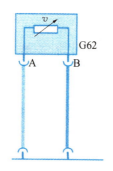

图 11-74　冷却液温度(G62)

(6) 根据图 11-75 所示，指认怠速开关(G60)和加速踏板传感器(G79)各接口的含义。

针	功　能
A	
B	
C	
D	
E	
F	

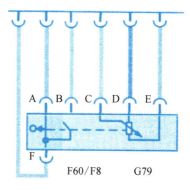

图 11-75　怠速开关(G60)和加速踏板传感器(G79)

(续表)

(7) 根据图 11-76 所示,指认燃油泵继电器(J445)各接口的含义。

针	功 能
A	
B	
C	
D	

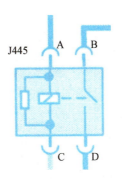

图 11-76 燃油泵继电器(J445)

(8) 根据图 11-77 所示,指认喷油器(N240)各接口的含义。

针	功 能
A	
B	

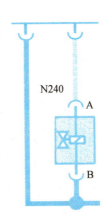

图 11-77 喷油器(N240)

(9) 根据图 11-78 所示,指认发动机熄火装置(N239)各接口的含义。

针	功 能
A	
B	

图 11-78 发动机熄火装置(N239)

(续 表)

(10) 根据图 11-79 所示,指认 EGR 阀(N18)各接口的含义。

针	功　能
A	
B	

图 11-79　EGR 阀(N18)

项目十二　点火系统的结构与拆装

活动一　无触点分电盘点火系的结构与拆装

活动二　无分电盘点火系的结构与拆装

项目十二　点火系统的结构与拆装

知识目标
1. 知道无触点分电盘式电子点火系统的组成与工作原理。
2. 知道无分电盘点火系统的组成与工作原理。

能力目标
1. 规范拆装无能点点火系统。
2. 规范连接无分电盘点火系统的电路。

　　汽油发动机气缸内的可燃混合气在压缩终了时,经电火花点燃后燃烧,以产生的巨大能量,使发动机做功。在燃烧室内适时产生电火花的装置,称为点火系。点火系有3项功用:产生高压电、决定在哪个缸点火、决定点火提前角。

　　点火系分为有触点点火系(已淘汰)、无触点点火系和电子控制点火系。现代汽车上主要采用电子控制点火系。电子控制的点火系分为分电盘式和无分电盘式两类。

活动一　无触点分电盘点火系的结构与拆装

一、无触点分电盘电子点火系的组成
(一) 优点

　　断电器触点的频繁开闭,会使白金触点烧蚀,影响发动机的工作并降低断电器的使用寿命。从20世纪80年代开始使用由三极管代替白金触点的无触点式分电盘电子点火系。

(二) 组成(以桑塔纳轿车为例)

　　无触点分电盘电子点火系由点火开关、点火线圈、点火器(模块)、分电盘和火花塞等组成,如图12-1所示。

　　该点火系与传统点火系的主要区别在于分电盘的结构不同和增加了点火模块。

二、分电盘

(一) 无触点分电盘的结构

　　无触点分电盘由霍尔信号发生器、配电器、点火提前装置组成,如图12-2所示。

(二) 信号发生器的作用、类型

　　信号发生器向点火模块提供发动机活塞的上止点信号,有霍尔式和电磁感应式两种。

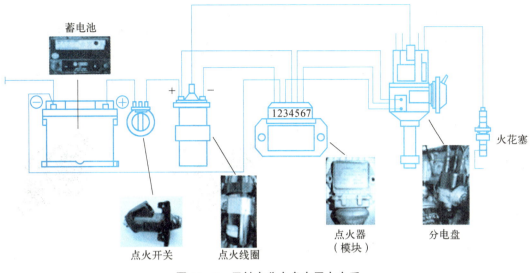

图 12-1　无触点分电盘电子点火系

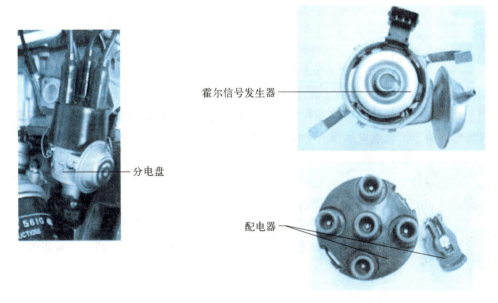

图 12-2　无触点分电盘

结构认知

霍尔信号发生器由分电器轴带动的霍尔叶轮、永久磁铁、霍尔元件等组成，如图 12-3 所示。

信号发生器的工作原理与霍尔式发动机转速传感器的原理是一样的，这里不再叙述。

（三）配电器的作用与结构

1. 配电器的作用

配电器将高压电按点火顺序分配至火花塞。

图 12-3　霍尔信号发生器的结构

2. 配电器的结构

配电器安装在霍尔信号发生器的上方,如图12-4所示,由胶木制的分电器盖和分火头组成。分火头插装在凸轮的顶端,和凸轮一起旋转,内有金属导电片。分电器盖的外部有高压线座孔,内装带弹簧的炭柱,压在分火头的导电片上。分电器盖的四周有与发动机气缸数相等的旁电极通至盖上的金属套座孔,用以安插高压分线。

图12-4 配电器的结构

（四）点火提前装置

实验证明发动机的燃烧趋近于爆燃,但未爆燃时,发动机可达到最大的功率。所以,要求点火系统能准确地控制点火提前角,点火提前角越大,发动机越容易爆燃。当发动机转速提高时,爆燃趋势减小,可以增大点火提前角。当发动机负荷增大时,转速下降,爆燃趋势增大,应减小点火提前角。发动机温度越高,爆燃趋势越显著,此时应减小点火提前角。在传统的点火系统中,转速和负荷可用于调节点火提前角。转速是利用离心块来调节点火提前角,负荷是利用真空膜片来调节点火提前角。由于传统点火系没有考虑温度对点火提前角的影响,所以不能准确地控制点火提前角。

1. 离心提前机构

（1）离心提前机构的结构。

离心提前机构的结构如图12-5所示,在分电器轴上固定有托板,两个离心块分别套在托板的柱销上,另一端由弹簧拉住,两个弹簧粗细不一。凸轮和拨板为一体套在分电器的上端,而拨板的孔则插在离心块的销钉上。

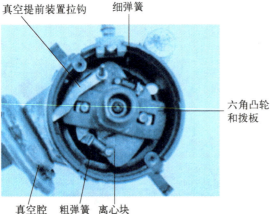

图12-5 离心提前机构结构

图12-6 离心提前机构的工作原理

(2) 离心提前机构的工作原理。

如图 12-6 所示，发动机转速增高时，在离心力的作用下，离心块克服弹簧拉力向外甩开，销钉推动拨板及凸轮沿原旋转方向相对于主动轴转过一个角度，使凸轮提前顶开触点，点火提前角增大。转速降低时，弹簧将离心块拉回，使提前角自动减小。两离心块的弹簧由不同粗细的钢丝绕成，弹力不同。低速范围内，只有细弹簧起作用，点火提前角增大得较快；在高速范围内，由于两根弹簧同时工作，点火提前角的增大比较平稳，使之更符合发动机的要求。

2. 真空提前装置

(1) 真空提前装置的结构。

真空提前装置装在分电器壳体外侧，真空腔壳内装有膜片，以拉杆带动断电器活动板转动，转动的最大角度由固定板上的长方孔限制。膜片左方通大气，右方由弹簧压住，并用管子与化油器空气道中靠近节气门的小孔相通，如图 12-7 所示。

(2) 真空提前机构的工作原理。

如图 12-7 所示，当发动机负荷很小时，节气门开度小，小孔处的真空度较大，吸动膜片向右拱曲，拉杆拉动活动板带着断电器的触点副逆分电器轴旋转方向转动一定角度，使触点提前开启，点火提前角增大；当发动机负荷加大即节气门开度增大时，小孔处真空度减小，膜片在弹簧作用下向左拱曲，使点火提前角自动减小。

怠速时，节气门接近全闭，此时化油器空气道中的小孔处于节气门上方，该处的真空度几乎为零，于是弹簧推动膜片，使点火提前角减小或为零。

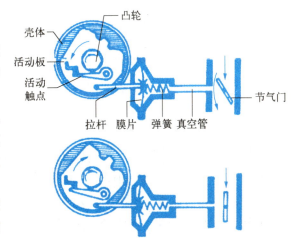

图 12-7 真空提前机构的工作原理

三、点火线圈

(一) 点火线圈的作用

点火线圈是将蓄电池或发电机输出的低压电转变为高压电，保证在火花塞间隙产生电火花。

(二) 点火线圈结构

点火线圈主要由瓷杯、铁芯、绕组、钢片、外壳、接线柱、胶木盖和高压线插座等组成，如图 12-8 所示。开磁路点火线圈铁芯用 0.3～0.5 mm 厚的硅钢片叠成，铁芯上绕有初级绕组和次级绕组。次级绕组居内，通常用直径为 0.06～0.10 mm 的漆包线绕 11 000～26 000 匝；初级绕组居外，通常用 0.5～1.0 mm 的漆包线绕 230～370 匝。点火线圈上有 3 个接线柱，分别是"+"、"-"和"高压"接线柱。

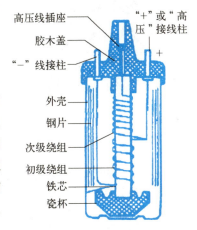

图 12-8 点火线圈的结构

(三)点火线圈的工作原理

当点火触点闭合时,初级电流流过点火线圈初级线圈,次级线圈没有感应电流产生;当点火触点断开时,初级线圈瞬间停电,次级线圈感应产生高压电流。

四、火花塞

(一)火花塞的作用

火花塞的作用是将点火线圈产生的高压电引入发动机的燃烧室内,在其电极间隙中形成电火花,点燃混合气。

(二)火花塞结构

火花塞由金属壳体、中心电极、接地电极、中心电极导体、绝缘体等组成,如图12-9所示。火花塞分冷型和热型两种。与气缸的接触面积大,称冷型火花塞,反之为热型火花塞。

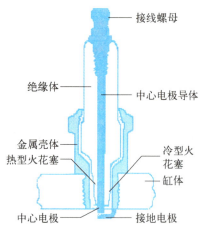

图12-9 火花塞结构

五、点火模块

(一)点火模块的作用

点火模块的作用有以下3点:

(1)控制低压电的接通与断开。

(2)控制低压电路电流的大小,防止因转速的变化而使流经点火线圈和点火模块的电流过大而损坏电器。

(3)控制点火系闭合角(即低压电路通电时间的长短)的大小。

(二)点火模块各接口的接线

如图12-10所示,点火模块各接口的接线为:

①号接口:进入点火线圈初级电路;　②号接口:点火模块接地线;
③号接口:信号发生器接地线;　　　④号接口:点火模块电源线;
⑤号接口:信号发生器电源线;　　　⑥号接口:信号发生器信号线。

图12-10 点火模块各脚的基本含义

(三)点火模块的工作原理

发动机工作时,分电器轴带动霍尔信号发生器的触发叶轮旋转。当触发叶轮的叶片进入空气隙时,信号发生器输出高电压信号11~12 V,使点火控制器集成电路中末级大功率三极管导通,点火系初级电路接通:电源"+"→点火线圈W_1→点火控制器(三极管)→搭铁,如图12-11所示。当触发叶轮的叶片离开空气隙时,信号发生器输出0.3~0.4 V的低电压信号,使点火器

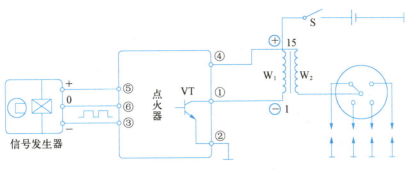

图 12-11 点火模块的工作原理

大功率三极管截止,初级电路切断,次级电路产生高压。

六、无触点分电盘式点火系的认知与拆装

无触点分电盘式点火系的认知与拆装的内容体现在工作页 20 中。

工 作 页 20

无触点点火装置的认知与拆装	班级	日期
	姓名	成绩

实训目标
1. 指认无触点点火装置各零件。
2. 能熟练对点火正时。

实训主要设备
1. 桑塔纳发动机 3 台。
2. 一位教师带教 12 位学生,分成 3 组,严格按照下列步骤完成工作页。

实训步骤
 1. 指认无触点点火装置各零件
 (1) 指认图 12-12 中无触点点火装置下列各零件。
  1)_____,2)_____,3)_____,4)_____,
  5)_____,6)_____。

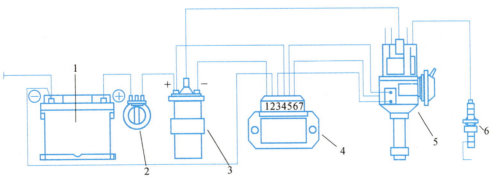

图 12-12 无触点点火装置

 (2) 认知图 12-13 中无触点式分电盘。
  1)_____,2)_____,3)_____,4)_____,
  5)_____。

(3) 指认图12-14中点火模块各脚的含义。
1) _____,2) _____,3) _____,4) _____,
5) _____,6) _____。

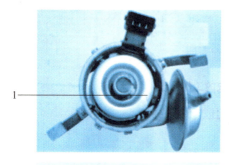

图12-13 无触点式分电盘

图12-14 点火模块各脚的含义

2. 安装分电盘
(1) 将飞轮A和正时带轮B调整到一缸的上止点位置,如图12-15所示。

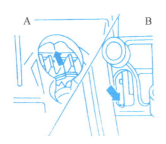

图12-15 将飞轮和正时带轮调整到一缸的上止点位置　　图12-16 将V形带轮调整到一缸的上止点位置

(2) 用扳手转动发动机,将V形带轮调整到一缸的上止点位置,如图12-16所示。
(3) 将凸轮轴正时带轮上的标记与气门罩盖上的箭头对齐,如图12-17所示。
(4) 装上点火分电器后,分火头的标记应与分电器壳体上标记对齐,如图12-18所示。
(5) 安装点火分电器盖。

(续 表)

图 12-17　将凸轮轴正时带轮与气门罩盖上的箭头对齐

图 12-18　分火头的标记应与分电器壳体上标记对齐

活动二　无分电盘点火系的结构与拆装

现代汽车大多采用无分电盘点火系统。

无分电盘点火系统和电子分电盘点火系统有3点不同：电子触发机构不在分电盘上；高压电直接从线圈到达火花塞，不再通过分电盘盖和转子；点火顺序是由计算机控制，而不是由分电盘控制。

目前，无分电盘点火系统有两种形式：双火花塞串联点火式点火系（如别克发动机）和一体式点火系（如帕萨特发动机）。

一、双火花塞串联点火式点火系

结构认知

（一）双火花塞串联点火式点火系的组成部分

双火花塞串联点火式点火系由点火模块、点火线圈、火花塞、高压线等组成，如图12-19(a)所示。

(a)

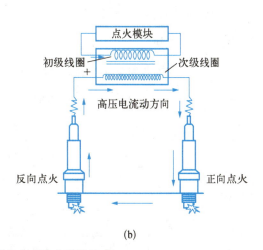
(b)

图 12-19　双火花塞串联点火式点火系的组成

(二)双火花塞串联点火式点火系的定义

每两个气缸使用一个线圈,这两个气缸必须是伙伴缸,也就是说活塞在气缸内运动必须是同上或同下的,如其中一个缸在压缩上止点时,另一个缸处于排气上止点。

线圈串联两个火花塞同时点火,每个缸的每个工作循环点火两次。对于一个缸来讲,在排气上止点点火是没用的,这种点火方式称为双火花塞串联点火式点火系。

(三)电流流向

在双火花塞串联点火式系统内,次级线圈、火花塞是串联的。当次级线圈感应出高压电时,电流只能从一个方向流动:

从次级线圈的一端流出,通过一个火花塞的导线,通过一个火花塞,通过气缸盖,通过第二个火花塞,通过第二个火花塞导线,从次级线圈的另一端进入。

在消耗式点火系统内,一个火花塞跳火是从中心电极到接地的电极,而另一个火花塞是从接地的电极到中心的电极。造成发动机的一半火花塞是正向点火,而另一半是反向点火,如图12-19(b)所示。

(四)工作原理

双火花塞串联点火式点火系的工作原理如图12-19所示。

1. 点火顺序的控制

在传统的点火系统和有分电盘的电子点火系统上,使用分火头分配高压电,但无分电盘点火系由电脑控制点火顺序。

在双火花塞串联点火式点火系统上,一个线圈连接的两个火花塞,是同时点火的。电脑无需判断哪一个缸在做功上止点,哪一个缸在进气上止点,所以只要曲轴位置传感器向计算机提供上止点信号即可。

2. 点火提前角的控制

计算机系统需要发动机转速(曲轴位置传感器)、负荷(MAF或MAP传感器)和温度(冷却水温度传感器)信号来决定点火提前角的大小。爆震传感器提供爆震信号,修正点火提前角。

(五)点火模块上各接口

点火控制模块C1接口,如图12-20所示,导线颜色及功能见表12-1。

表12-1 点火控制模块C1接口、导线颜色及功能

针	导线颜色	功 能
A	褐色/黑	分流信号
B	白色	点火控制信号
C	—	未使用
D	—	未使用
E	紫色/白色	参考信号
F	红色/黑色	参考低信号

图12-20 点火控制模块C1接口

点火控制模块 C2 接口,如图 12-21 所示,导线颜色及功能见表 12-2。

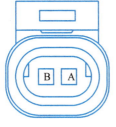

图 12-21 点火控制模块 C2 接口

表 12-2 点火控制模块 C2 接口、导线颜色及功能

针	导线颜色	功　　能
A	黑色/白色	接地
B	粉红色	保险丝输出—点火 1

点火控制模块 C3 接口,如图 12-22 所示,导线颜色及功能见表 12-3。

表 12-3 点火控制模块 C3 接口、导线颜色及功能

针	导线颜色	功　　能
A	黄色	曲轴箱位置传感器信号
B	—	未使用
C	紫色	曲轴位置传感器回路

图 12-22 点火控制模块 C3 接口

二、一体式点火系

一体式点火系统每个气缸都有各自的线圈,线圈和线圈控制系统是双火花塞串联点火式点火系的两倍。

一、一体式点火系的结构

一体式点火系由点火模块、点火线圈、火花塞、高压线等组成,如图 12-23 所示。

 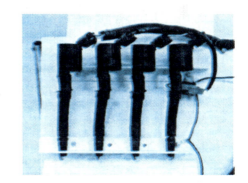

图 12-23 一体式点火系的结构

二、一体式点火系的工作原理

(1) 点火顺序的控制。在一体式点火系统上,发动机每完成一个工作循环,计算机按照做功

顺序将各点火线圈激活一次,向各缸火花塞提供一次高压电。此时计算机既需要知道哪个缸在上止点,还需要知道是哪个缸在上止点。所以既需要曲轴位置传感器向计算机提供上止点信号,又需要凸轮轴位置传感器向计算机提供判断工作缸信号。

(2) 点火提前角的控制与双火花塞串联点火式点火系是一样的。

三、无分电盘点火系的认知与拆装

无分电盘点火装置的认知与拆装具体体现在工作页 21 中。

工作页 21

无分电盘点火装置的认知与拆装	班级	日期
	姓名	成绩

实训目标
1. 指认无分电盘点火装置各零件。
2. 能熟练对点火正时。

实训主要设备
1. 别克发动机 3 台。
2. 一位教师带教 12 位学生,分成 3 组,严格按照下列步骤完成工作页。

实训步骤
  1. 指认无分电盘点火装置各零件
  (1) 指认图 12-24 无触点点火装置下列各零件。
    1) _____,
    2) _____,
    3) _____。
  (2) 认知图 12-25 点火模块各脚,并填写下表(别克发动机点火模块)。
  1) C1 接口

针	导线颜色	功能
A		
B		
C		
D		
E		
F		

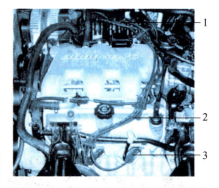

图 12-24 无触点点火装置下列各零件

2) C2 接口

针	导线颜色	功 能
A		
B		

3) C3 接口

针	导线颜色	功 能
A		
B		
C		

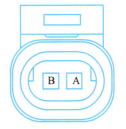

图 12-25 点火模块各脚

2. 点火模块的拆装

(1) 拆卸步骤。

1) 断开火花塞导线。拆卸时,标记位置。

2) 拆卸点火线圈与点火控制模块之间的两个紧固螺钉,如图 12-26 所示。

3) 拆卸点火线圈。

(2) 安装程序。

1) 安装点火线圈。

2) 安装两个螺钉,紧固螺钉至 5 N·m。

3) 连接火花塞引线。

图 12-26 拆卸点火线圈与点火控制模块

项目十三 发动机环保控制的结构与拆装

活动一　发动机排放控制

活动二　活性炭罐的认知

活动三　三元催化器的认知

活动四　废气再循环的认知

活动五　曲轴箱强制通风（PCV 阀）系统认知

项目十三　发动机环保控制的结构与拆装

知识目标
1. 知道汽车排放控制的基本思路。
2. 知道炭罐的作用、结构、工作原理。
3. 知道三元催化器的作用、结构、工作原理。
4. 知道 EGR 阀的作用、结构、工作原理。
5. 知道 PCV 阀的作用、结构、工作原理。

能力目标
1. 规范拆装炭罐。
2. 规范拆装三元催化器。
3. 规范拆装 EGR 阀。
4. 规范拆装 PCV 阀。

活动一　发动机排放控制

一、发动机的理想燃烧

汽油发动机工作时,在压缩行程接近上止点时由点火系统点燃气缸内的由空气和汽油按照一定比例构成的可燃混合气。可燃混合气燃烧后会生成各种产物。

汽油是碳氢化合物,碳氢化合物和空气在发动机内混合并点燃,氧和碳氢化合物发生反应:氧和氢结合成水,氧和碳结合成二氧化碳。这是理想的、燃烧完全的情况,空气和燃油完全反应,没有有害的气体排出。当燃烧完全时,所有的碳、氢被氧化成二氧化碳和水,空气中的氮不和任何物质产生化学反应,所以废气中仅有水、二氧化碳和氮气。但是由于各种原因,在燃烧后产生的废气中含有除水、二氧化碳和氮气以外的各种有害物质,如 CO,HC,NO_X 等,它们会造成环境污染,如图 13-1 所示。

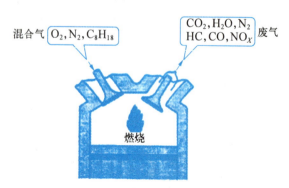

图 13-1　发动机燃烧的产物

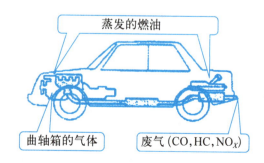

图 13-2　汽车对环境污染的污染源及其主要成分

其中汽车尾气的污染占汽车总污染的 60%,主要成分是 CO,HC,NO$_X$;燃油箱中燃油的蒸发占汽车总污染的 20%,主要成分是 HC;曲轴箱漏气占汽车总污染的 20%,主要成分是 HC,如图 13-2 所示。

二、CO,HC,NO$_X$ 的形成

1. 一氧化碳和碳氢化合物(CO 和 HC)

当混合气过浓时,燃烧不充足,会形成一氧化碳和碳氢化合物。

2. 氮氧化物(NO$_X$)

当混合气过稀,燃烧的温度达到 1 375℃(2 500°F)时,氮会与氧化合,形成一氧化氮,它在阳光和碳氢化合物的作用下,形成二氧化氮。由于它是在燃烧的过程中形成的,无论是一氧化氮或二氧化氮,统称氮氧化物。

三、发动机排放控制的基本思路和措施

未燃烧的碳氢化合物、一氧化碳、氮氧化物和颗粒是汽车排放的有害物质,汽车要装备排放控制装置来减少有害气体的排放。

(一) 尾气排放的控制

1. 机内控制

通过用电脑精确控制空燃比、点火正时等手段最大限度地做到完全燃烧,从而减少废气中的 CO 和 HC 的生成,并通过 EGR 阀减少氮氧化物的含量。

2. 机外控制

通过三元催化器和空气二次喷射等方式将已排出气缸的废气中的有害物处理为水、二氧化碳和氮气。

(二) 蒸发气体的控制

加满的燃油箱,汽车停放和行驶时,燃油蒸气(碳氢化合物)会从燃油箱内蒸发出来。所以使用活性炭罐(EVAP)来处理燃油箱内蒸发出的气体对大气的污染。

使用化油器的汽车,燃油还会从化油器的浮子室内蒸发出来。现代汽车不使用化油器,大大减少了碳氢化合物的排放。

(三) 曲轴箱漏气的控制

利用 PCV 阀将曲轴箱内的废气送入进气管燃烧。

通过以上分析,我们知道,可以采用氧传感器信号进行闭环控制来精确控制空燃比或使用三元催化器、EGR 阀、炭罐、PCV 阀等来控制发动机的排放。

活动二 活性炭罐的认知

一、活性炭罐的作用

燃油在燃油箱内蒸发时,内部高气压将 HC 蒸气从燃油箱内压出,储存在活性炭罐(EVAP)内。在发动机工作时,储存的 HC 蒸气在进气管真空的作用下吸入进气管,进入气缸燃烧,可以

减少燃油箱蒸发对大气的污染。

二、炭罐的结构

炭罐由外壳、活性炭、滤清器和若干接口（燃油管接口、空气滤清器接口、进气管接口等）组成，如图13-3组成。

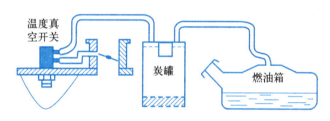

图13-3 炭罐的结构

三、炭罐的工作原理

炭罐的控制有以下两种方法。

1. 真空控制

真空控制的工作原理如图13-4所示。温度真空开关串联在炭罐的管路中，当发动机温度较低时，温度真空开关切断真空点的真空源使真空腔和大气相通，炭罐内的燃油蒸气不进入进气管。当节气门关闭时，真空点的压力接近大气压力，炭罐不工作；当节气门打开时，真空点的压力小于大气压力，炭罐内的燃油蒸气进入进气管。

图13-4 炭罐真空控制的工作原理

2. 计算机控制炭罐的工作原理

计算机控制炭罐的工作原理如图13-5所示。计算机接收氧传感器和水温传感器的信号，炭罐电磁阀接受计算机脉冲宽度的控制，精确地控制炭罐进气管燃油的量，从而提高发动机的环保性。

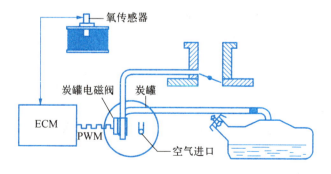

图13-5 计算机控制炭罐的工作原理

3. 炭罐的控制电路

别克发动机炭罐的电路控制如图 13-6 所示。

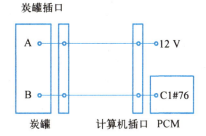 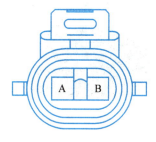

图 13-6 别克发动机炭罐的电路控制

① A：10A 保险丝线，插口通过线束与 A5C1 插口连接。
② B：炭罐控制线，插口通过线束与 PCMC1#76 插口连接。

活动三 三元催化器的认知

一、三元催化器的作用

使用三元催化器目的就是通过催化氧化反应与催化还原反应来有效地处理废气中的一氧化碳、碳氢化合物和氮氧化物。

二、三元催化器的结构

三元催化器的结构，如图 13-7 所示，主要由外壳、反应层、支架、绝热层和空气层等组成。

 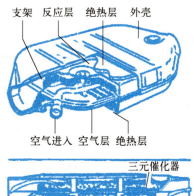

图 13-7 三元催化器的结构

(1) 外壳：保护绝热层和反应层。
(2) 反应层（催化层）：通过催化剂的催化作用将废气中的一氧化碳、碳氢化合物和氮氧化物氧化或还原,达到净化的目的。催化剂由陶瓷材料外面包裹铂、铑、钯 3 种金属组成,如图 13-8 所示。

图 13-8　催化层

(3) 支架:固定催化层。

(4) 绝热层:排气管的温度会使催化器的温度上升,还原反应需要热量,氧化反应过程也会产生热量,为维持热量和防止催化器的外部变得更热,一般都安装绝热层。

(5) 空气层和空气进口:在含氧量较少的情况下,采用补充空气的方法,促使氧化反应的进行。

三、三元催化器的工作原理

(一) 还原反应

还原反应将氮氧化物还原成氧和氮,可以降低废气中氮氧化物的含量,催化剂是铂、铑。还原反应在三元催化器的前端进行,如图 13-9 所示。

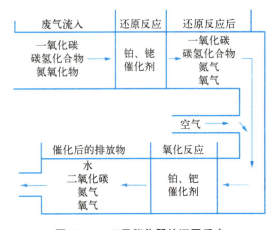

图 13-9　三元催化器的还原反应

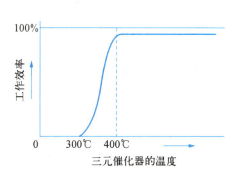

图 13-10　温度与氧化反应的关系

(二) 氧化反应

氧化反应是指将一氧化碳、碳氢化合物和氧反应形成无害的水和二氧化碳。这个催化氧化反应的催化剂是铂和钯,装在三元催化器的后端,如图 13-9 所示。氧化反应产生的温度至少达到 300 ℃。温度 400 ℃时,效率达到最大,如图 13-10 所示。

活动四　废气再循环的认知

一、废气再循环的作用与分类

安装废气再循环(EGR)系统是为了让一定数量的废气进入发动机的进气管,废气和混合气混合,使燃烧速度减慢。燃烧速度减慢可以降低燃烧的最高温度,减少 NO_x 的产生。按其控制方式,EGR 有真空控制和电子控制两种。

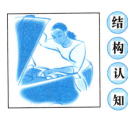

二、电子控制 EGR 阀的结构

电子控制(计算机控制)的废气再循环阀(EGR 阀)由电磁阀(线圈)、膜片、位置传感器、EGR 阀门等组成,如图 13-11 所示。

三、电子控制 EGR 阀的工作原理

EGR 阀一般在中等负荷时工作,如果在发动机怠速、大负荷和冷发动机的情况下打开此阀,会造成发动机工作不稳定或功率下降。当计算机接收到发动机怠速、大负荷信号或发动机冷机时,会切断 EGR 电磁阀(线圈)的接地电路,使 EGR 阀关闭。

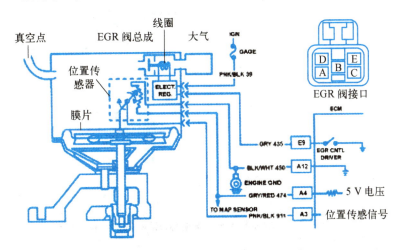

图 13-11 电子控制的废气再循环(EGR)

当计算机接收到发动机中等负荷信号时,就接通 EGR 电磁阀的接地电路,使 EGR 阀打开。ECU 根据 EGR 阀带有的位置传感器的信号,控制 EGR 阀门的开关或开度的大小,改变膜片上方的压力,如图 13-11 所示。

四、EGR 阀的电路控制

EGR 阀的电路控制如图 13-12 所示。

① A:EGR 阀动力接地线,插口通过线束与 PCMC1#32 插口连接。
② B:EGR 阀传感器接地线,插口通过线束与 PCMC1#31 插口连接。

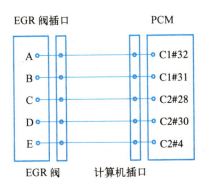
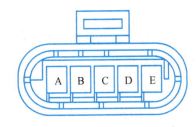

图 13-12 EGR 的电路控制

③ C：EGR 阀位置输入信号线，插口通过线束与 PCMC2♯28 插口连接。
④ D：5 V 基准信号线，插口通过线束与 PCMC2♯30 插口连接。
⑤ E：EGR 阀控制线，插口通过线束与 PCMC2♯4 插口连接。

五、真空控制的废气再循环的结构与原理

真空控制的废气再循环（EGR）阀，由水温开关、真空管道和 EGR 阀组成，如图 13-13 所示。EGR 阀由阀门、膜片和弹簧组成。

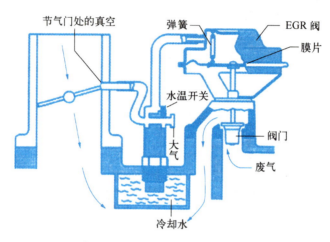

图 13-13 真空控制的废气再循环（EGR）阀的结构与原理

当发动机温度较低时，水温开关切断真空点的真空源使真空腔和大气相通，EGR 阀关闭；当温度上升时，温度真空开关使 EGR 阀和真空相通。

节气门关闭时，真空点的压力接近大气压力，EGR 阀真空腔的压力较大，加上回位弹簧的张力，EGR 阀关闭；节气门打开时，真空点的压力较小，EGR 阀真空腔的压力较小，克服回位弹簧的张力，EGR 阀打开；当节气门全开时，真空点的压力接近大气压力，EGR 阀真空腔的压力较大，加上回位弹簧的张力，EGR 阀关闭。

活动五　曲轴箱强制通风（PCV 阀）系统认知

一、PCV 阀的作用

当发动机运行时，会有少部分 HC 气体通过活塞环进入发动机曲轴箱，腐蚀润滑油，降低润滑效果。老方法是将曲轴箱和大气相通，现在使用曲轴箱强制通风（PCV 阀），它的作用是将 HC 气体再引入发动机燃烧。

二、PCV 阀的结构

PCV 阀主要由大活塞和小活塞组成，小活塞中心有一中心孔（计量孔），如图 13-14 所示。

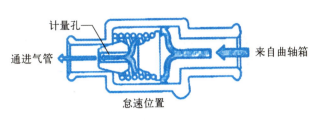
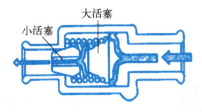

图 13-14 PCV 阀的结构

三、PCV 阀的工作原理

（1）发动机停机或回火时，由于其自身质量和弹簧弹力，PCV 阀关闭，如图 13-15 所示。

当进气管发生回火时，进气管的压力就变得很高，如果这个压力通过 PCV 阀作用在曲轴箱内，会造成曲轴箱床垫损坏。因此，在这种情况下 PCV 阀必须关闭。

（2）怠速运转或减速时，PCV 阀打开很小，通过的窜缸混合气量很少，如图 13-16 所示。

图 13-15 发动机停机或回火时的 PCV 阀

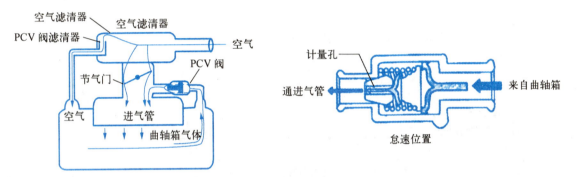

图 13-16 发动机怠速运转或减速时的 PCV 阀

当发动机怠速运转或减速时，转速较低，进入曲轴箱的气体较少，进气管真空度比较高，小活塞的外圈关闭，曲轴箱内的 HC 气体在大气压力（与空气滤清器相通）的作用下，仅通过小活塞的中心孔（这个孔在发动机的任何工况下运行）进入进气管。

（3）正常运转时，真空度正常，真空通道扩宽，PCV 阀部分打开。

（4）加速或高负荷时，PCV 阀完全打开，真空通道也完全打开，如图 13-17 所示。

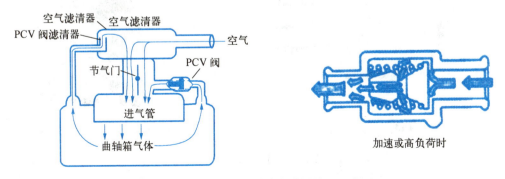

图 13-17 发动机加速或高负荷时的 PCV 阀

当发动机加速或高负荷时,转速较高,进入曲轴箱的气体较多,曲轴箱内的 HC 气体压力大于大气压力,进气管真空度比较低,将大活塞和小活塞的外圈同时打开,HC 气体通过小活塞的中心孔、小活塞的外圈进入与空气滤清器相通的管道。

四、发动机排放控制系统的认知与拆装

发动机排放控制系统的认知与拆装的内容体现在工作页 22 中。

工作页 22

发动机排放控制系统的认知与拆装	班级	日期
	姓名	成绩

实训目标
1. 指认别克发动机排放控制系统各零件。
2. 指认发动机排放控制系统各零件各脚的含义。
3. 熟练拆装发动机排放控制系统各零件。

实训主要设备
1. 别克发动机 3 台。
2. 一位教师带教 12 位学生,分成 3 组,严格按照下列步骤完成工作页。

实训步骤
  1. 炭罐的认知与拆装
  (1) 炭罐的作用是_____
_____。
  (2) 指认图 13-18 发动机上的炭罐,它是安装在_____和_____之间。

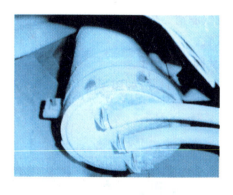

图 13-18 炭罐

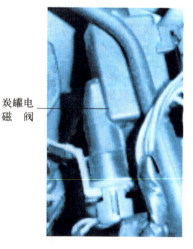

图 13-19 炭罐电磁阀

  (3) 在发动机上找到炭罐电磁阀,如图 13-19 所示。

(4) 认知图 13-20 发动机炭罐电磁阀的各脚,并填写下表。

针	导线颜色	功　　能
A		
B		

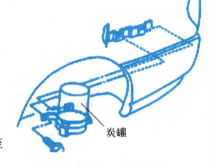

图 13-20　发动机炭罐电磁阀的各脚

(5) 查阅别克发动机电路图,指认炭罐电磁阀和计算机的哪号接口连接,或和其他哪些接口连接,并填写下表。

炭罐接口	计算机接口或其他接口
A	
B	

(6) 炭罐(EVAP)的拆装。
1) 拆卸步骤。
① 举升车辆。
② 断开炭罐接头在软管上标上记号,以便安装新炭罐。
③ 拆卸 EVAP 炭罐托架与车身连接螺栓,如图 13-21 所示。
④ 从车身上拆卸 EVAP 炭罐总成。
⑤ 从 EVAP 装配托架上拆卸螺钉。
⑥ 使 EVAP 炭罐与 EVAP 炭罐托架分离。
2) 安装步骤。
① 将炭罐装入炭罐托架。
② 将螺钉重新安装到 EVAP 装配托架上,紧固螺钉至 3.0 N·m。
③ 将炭罐总成放在车身上。
④ 重新安装 EVAP 炭罐托架与车身之间的连接螺栓,紧固螺钉至 3.0 N·m。
⑤ 将软管(3,4)重新连接至炭罐接头(1,2)。

图 13-21　拆卸炭罐

2. 三元催化器的结构认知与拆装
(1) 三元催化器的作用是_____
_____。
(2) 在发动机上找到三元催化器,它是安装在_____和_____之间。
(3) 三元催化器的正常工作温度是_____。
(4) 三元催化器的拆装。
1) 拆卸步骤。
① 举升并适当支承车辆。
② 适当支承排气系统。
③ 拆卸三元催化器螺栓。
④ 拆卸三元催化器衬垫。
⑤ 拆卸排气歧管双头螺栓螺母。
⑥ 拆卸三元催化器,如图 13-22 所示。
⑦ 拆卸排气歧管密封件。
⑧ 检查密封件,必要时更换。

图 13-22　三元催化器的拆卸

2）安装步骤。
① 安装排气歧管密封件。
② 安装并支承三元催化器。
③ 安装排气歧管双头螺栓螺母。紧固排气歧管双头螺栓螺母至 35 N·m。
④ 安装三元催化器衬垫。
⑤ 安装三元催化器螺栓，紧固三元催化器螺栓至 45 N·m。
⑥ 拆卸排气系统支架。
⑦ 检查是否泄漏，是否接触车身底部。
⑧ 降下车辆。
3. EGR 阀的结构认知与拆装
（1）EGR 阀的作用是_____

_____。
（2）指认图 13－23 发动机上的 EGR 阀，它是安装在
_____。
（3）认知图 13－24 发动机 EGR 阀的各脚，并填写下表。

图 13－23　EGR 阀

针	导线颜色	功　能
A		
B		
C		
D		
E		

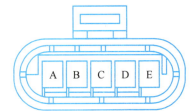

图 13－24　发动机 EGR 阀的各脚

（4）查阅别克发动机电路图，指认 EGR 阀和计算机的哪号接口连接，或和其他哪些接口连接，并填写下表。

传感器接口	计算机接口或其他接口
A	
B	
C	
D	
E	

（5）EGR 阀的拆装。
1）拆卸步骤。
① 关闭点火开关。
② 断开 EGR 阀线束接头。
③ 拆卸 EGR 阀管路固定螺钉，将管路向后拉。

（续 表）

④ 拆卸 EGR 阀固定螺钉。
⑤ 拆卸 EGR 阀总成。
⑥ 拆卸衬垫。
2）安装步骤。
① 将新的衬垫安装到 EGR 阀上。
② 安装 EGR 阀紧固螺钉，拧紧到 30 N·m。
③ 将管路连接到 EGR 阀上。安装管路螺钉，拧紧到 30 N·m。
④ 连接 EGR 阀线束。
4. PCV 阀的拆装
（1）从别克发动机上拆下 PCV 阀。
1）关闭点火开关。
2）断开真空软管与燃油压力调节器和 PCV 阀的连接。
3）拆卸 PCV 阀。
（2）发动机 PCV 阀的装配。
1）安装 PCV 阀。
2）将真空软管和燃油压力调节器连接到 PCV 阀上。

工作页答案

工作页 2

1. 游标卡尺的使用
(1) 长度、外径、内径和深度。
(2) 主尺、副尺、活动卡脚和固定卡脚等组成。
(3) 副尺的对主尺刻线左边的完整格数、副尺上与主尺对齐的刻线读数,第一条零线不算,第二条起每格算 0.10 mm,将主尺与副尺的读出尺寸相加。
(4) 10.50 mm、16.10 mm、17.06 mm、37.06 mm。
(5) 根据实际测量数据。

2. 千分尺的使用
(1) 0.01 mm。
(2) 活动套管边缘在固定套管线最近的轴向刻度后面的数(为 0.50 mm 的整数倍)、活动套管上哪一格同固定套管上基准线对齐(即轴向刻度中心线重合)的圆周刻度数(为 0.50 mm 的等分数),把两个读数相加。
(3) 80.71 mm、86.38 mm、78.00 mm、91.71 mm。
(4) 根据实际测量数据。

工作页 3

1. 发动机、底盘、电器设备、车身。
2. 竖置安装。
3. 离合器、变速器、万向传动装置、主减速器、差速器、半轴。
4. (1) 转向盘;(2) 转向轴;(3) 转向器;(4) 转向拉杆。
5. (1) 离合器踏板;(2) 制动踏板;(3) 油门踏板。
6. (1) 1) 远光灯;2) 近光灯;3) 转向灯;4) 小灯;5) 雾灯;(2) 1) 电子节气门故障灯;2) LPG 指示灯;3) 水温灯;4) ABS 指示灯;5) 机油指示灯;6) 故障灯;7) 电源指示灯;8) 汽油指示灯;9) 手制动灯;10) 气囊指示灯。
7. 根据学校实际 VIN 码填写。
8. (1) 发动机盖;(2) 车顶;(3) 行李箱盖;(4) 后保险杠;(5) 挡泥板;(6) 前保险杠。

工 作 页 4

2. (1) 1) 气缸盖;2) 气缸垫;3) 气缸体;4) 油底壳;(2) 1) 活塞环;2) 活塞;3) 连杆;4) 曲轴;5) 飞轮。

3. (1) 1) 进气门;2) 排气门;3) 气门导管;4) 气门弹簧;(2) 1) 凸轮轴正时齿轮;2) 正时皮带;3) 曲轴正时齿轮;4) 凸轮轴;5) 液力挺杆。

4. (1) 1) 化油器;2) 汽油泵;(2) 1) 输油泵;2) 低压油管;3) 喷油泵;4) 高压管;5) 滤清器;6) 喷油器。

5. 1) 点火模块;2) 高压线;3) 火花塞。

工 作 页 6

1. (1) 气缸盖;(2) 气缸垫;(3) 气缸体;(4) 油底壳。

2. (1) 水泵安装面;(2) 油尺安装面;(3) 汽油泵安装面;(4) 机油泵安装面;(5) 油底壳安装面;(6) 机油泵安装面;(7) 油道;(8) 曲轴和主轴承安装面;(9) 气缸;(10) 水道;(11) 分电盘安装面;(12) 油道;(13) 气缸盖安装面;(14) 前端盖安装面;(15) 中间轴安装孔;(16) 前端盖安装面定位孔。

4. 干式、湿式、干式。

5. 认知气缸盖。(1) 火花塞;(2) 进气口;(3) 排气口;(4) 安装面;(5) 气门;(6) 油道;(7) 水道。

6. 密封气缸。

7. 有记号。无记号应:缸体、缸盖用同一种材料制成的发动机上,翻边一面朝向缸体;缸体、缸盖用不同材料,翻边一面朝向气缸盖。

工 作 页 7

1. (1) 1) 活塞;2) 活塞环;3) 活塞销;4) 连杆;5) 连杆螺栓;6) 连杆轴承盖;7) 连杆轴承。

(3) 承受燃烧气体的压力,并将力传给连杆。

(4) 1) 活塞头部;2) 活塞裙部;3) 油道;4) 活塞销;5) 防活塞销孔膨胀限制片;6) 活塞环槽;7) 活塞顶部;8) 气门避让孔。

(5) 高速发动机工作时,容易使气门和活塞顶部撞击,造成气门弯曲。

(6) 密封和刮油。

(7) 1) 第一道气环;2) 第二道气环;3) 上刮片;4) 衬簧;5) 下刮片。

(8) 根据活塞环的亮度来区分,比较亮的为第一道环。

(9) 1) 矩形环;2) 锥形环;3) 梯形环;4) 桶面环。
(11) 将活塞的作用力传给曲轴。
(12) 1) 螺母;2) 连杆轴承;3) 切口;4) 活塞销轴承;5) 活塞销孔;6) 杆身;7) 螺栓。
(13) 便于安装。
(14) 不可以,分次拧紧。
(15) 1) 油槽;2) 钢背;3) 减磨合金;4) 定位凸键。

工作页 8

1. 曲轴的结构认知

(1) 1) 曲轴正时齿轮;2) 曲轴;3) 主轴承;4) 飞轮;5) 飞轮螺栓;6) 止推片;7) 轴承盖。

(3) 曲轴的主要作用是将活塞连杆组的动力变为转矩,然后通过飞轮传到汽车的传动系;曲轴驱动发动机的配气机构和其他辅助装置。

(4) 1) 飞轮凸缘;2) 主轴颈;3) 连杆轴颈;4) 曲柄;5) 曲轴前端;6) 平衡重;7) 平衡孔;8) 油道。

(6) 平衡重在曲拐的对面,用于补偿活塞和连杆的质量,来平衡曲轴的离心力及其力矩。

(7) 1) 正时齿轮螺栓螺纹;2) 曲轴正时齿轮轴颈与键槽;3) 平衡重;4) 变速器第一轴定位孔;5) 飞轮安装凸缘。

(8) 1) 平衡孔;2) 飞轮安装孔;3) 离合器安装孔;4) 齿圈。

工作页 9

1. 气门组的结构认知

(1) 气门组在压缩、做功行程中密封气缸。在进气行程时,进气门打开;在排气行程时,排气门打开。气门密封时气门弹簧的弹力使气门紧贴在气门座圈上。

(2) 1) 气门;2) 气门弹簧;3) 气门导管;4) 气门弹簧座;5) 气门锁片。

(3) 燃烧室的组成部分,是气体进、出燃烧室通道的开关。

(4) 1) 气门锁片槽;2) 气门杆;3) 气门头部;4) 气门工作面。

(5) 45°或 30°、45°。

(6) 不对,进气门的直径大。

(7) 1) 平顶形;2) 喇叭形;3) 球形。

(8) 过盈配合。

(9) 气门导管的功用是给气门的运动导向,并为气门杆散热。

(10) 借其弹力使气门及时关闭,并保证气门与座紧密贴合。双弹簧和不等距弹簧。

工 作 页 10

1. 气门组的结构认知

(1) 1) 凸轮轴正时齿轮;2) 齿形带;3) 张紧轮;4) 中间轴正时齿轮;5) 曲轴正时齿轮
曲轴→曲轴正时齿轮→齿形带→凸轮轴正时齿轮→凸轮轴。

(2) 气门传动组的作用将发动机传来的动力转变成打开气门的力。

(3) 1) 摇臂;2) 调整螺钉;3) 摇臂轴;4) 推杆;5) 凸轮轴;6) 液力挺杆。

(4) 结合实物,指认图 5-34 凸轮轴的结构。
1) 机油泵驱动齿轮;2) 凸轮;3) 凸轮轴轴颈;4) 汽油泵偏心轮。

(5) 曲轴正时齿轮带动凸轮轴正时齿轮和凸轮轴转动,凸轮的尖角推动液力挺杆使气门向下运动,气门打开。气门关闭凸轮转到圆角时,由气门弹簧使气门关闭。

(6) 将凸轮的作用力传给摇臂或气门。

(7) 筒形和滚轮形。

(8) 自动克服气门间隙。

(9) 1) 摇臂轴;2) 摇臂轴弹簧;3) 摇臂;4) 调整螺钉;5) 锁止螺钉;6) 摇臂轴盖。

(10) 摇臂与摇臂轴压力润滑,摇臂、气门杆及推杆飞溅润滑。

工 作 页 11

1. 观察发动机的工作并填写各行程中气门的状态(开或闭)

行程名称	曲轴转角	活塞运动	进气门	排气门
进气	180°	由上止点至下止点	开	关
压缩	180°	由下止点至上止点	关	关
做功	180°	由上止点至下止点	关	关
排气	180°	由下止点至上止点	关	开

2. (1) C;(2) A;(3) C。

工 作 页 12

1. 润滑系总体结构的认知

(1) 由集滤器、机油泵、机油滤清、限压阀和机油油道等组成。

(2) 油底壳内的润滑油经粗集滤器滤掉大的机械杂质后,被机油泵压入机油滤清器后分三路送出,如图 6-4 所示。第 1 路经主油道后分为两支:一支送入曲轴主轴承分油道,润滑主轴承,经曲轴内油道滑润连杆大端轴承,再经连杆内油道润滑连杆小端轴承后回到油底壳;另一支则进入中间轴的轴承(AJR 型发动机无中间轴)后流回油底壳。第 2 路从主油道进入凸轮轴的轴承后再润滑气门机构,然后流回油底壳。第 3 路,在主油道油压太高或流量太大的情况下,润滑油冲开安全阀,分流回油底壳。

2. 机油泵的认知与拆装

(1) 机油泵的拆卸与认知。

1) 齿轮式。

3) ① 主动齿轮;② 主动齿轮轴;③ 从动齿轮轴;④ 从动齿轮。

6) ① 盖的进油孔;② 盖的出油孔;③ 体的进油孔;④ 体的回油孔。

工 作 页 13

(1) 1) 风扇;2) 散热器;3) 水泵。

(2) 当发动机处于预热等低温状态时,节温器使水套流出的冷却液直接进入水泵,起保温作用,称为小循环;当发动机处于大负荷等高温状态时,节温器使水套流出的冷却液全部流入散热器,有效散热,称为大循环。

工 作 页 14

1. 指认各传感器、计算机和执行机构

(1) 电控发动机和传统发动机的区别在于燃料供给系、点火系、排放控制系。

(2) 1) 空气流量传感器;2) 进气管压力传感器;3) 发动机转速传感器(7X);4) 发动机转速传感器(24X);5) 凸轮轴位置传感器;6) 发动机冷却水温度传感器;7) 节气门位置传感器;8) 进气管温度传感器;9) 爆震传感器;10) 氧传感器。

(3) 1) 喷油器;2) 怠速马达;3) 炭罐电磁阀;4) EGR 阀。

(4) 2 排、各 80 个脚。

2. 各传感器的认知与拆装(别克)

(1) 发动机转速传感器的认知与拆装。

1) 霍尔。

2) 当干扰体(金属片)位于永磁体和霍尔元件之间时,磁场被收缩,不干扰霍尔元件,无电压输出。当干扰体不在永磁体和霍尔元件之间,磁场被扩张,干扰霍尔元件,有电压输出。

3) A,12 V 火线;B,传感器的信号线;C,传感器搭铁线。

4) A 插口通过线束与 PCMC2♯70 插口连接;B 插口通过线束与 PCMC1♯9 插口连接;C 插口通过线束与 PCMC2♯74 插口连接。

(2) 发动机空气流量计的认知与拆装。

1) 热线式。

2) 当没有空气流过热线或热膜时,加热元件的电阻值和其他电阻的电阻值相等,电桥平衡。当空气通过加热元件后,流过的空气流量越大,热量损失得越多,空气温度越低。热量损失得多,热线或热膜变冷,就改变了电阻值的大小,造成电桥不平衡,两个输出端有一个电压差产生。

3) A,传感器的信号线;B,传感器搭铁线;C,12 V点火线。

4) A插口通过线束与PCMC1#69插口连接。

(3) 发动机进气管压力传感器的认知与拆装。

1) 绝对压力传感器。

2) 当进气歧管压力发生变化时,氧化铝片弯曲变形,使硅片间的距离随之改变,从而引起电容量的变化。这时,通过信号处理,电控单元便可测得进气歧管中气体的压力。

3) A,传感器搭铁线;B,传感器的信号线;C,5V基准电压线。

4) A插口通过线束与PCMC1#13插口连接;B插口通过线束与PCMC2#25插口连接;C插口通过线束与PCMC1#10插口连接。

(4) 发动机水温传感器的认知与拆装。

1) 负热敏电阻。

2) 它随着温度的升高而电阻值降低,造成当温度升高时,流过电阻的电压下降。

3) A,传感器搭铁线;B,传感器的信号线。

4) A插口通过线束与PCMC1#13插口连接;B插口通过线束与PCMC2#26插口连接。

(5) 发动机进气管温度传感器的认知与拆装。

1) 负热敏电阻。

2) 它随着温度的升高而电阻值降低,造成当温度升高时,电阻的电压下降。

3) A,传感器搭铁线;B,传感器的信号线。

4) A插口通过线束与PCMC1#17插口连接;B插口通过线束与PCMC2#50插口连接。

(6) 发动机节气门位置传感器的认知与拆装。

1) 可变电阻式。

2) 当节气门关闭时,通过传感器的电压降大约是1 V。当节气门全开时,电压降大约是4.5 V。电压信号的变化和节气门的位置有关,怠速位置电压大约是0.5 V,节气门全开时的电压大约是4.5 V。

3) A,5V信号线;B,传感器搭铁线;C,传感器的信号线。

4) A插口通过线束与PCMC2#33插口连接;B插口通过线束与PCMC2#26插口连接;C插口通过线束与PCMC1#61插口连接。

(7) 发动机氧传感器的认知与拆装。

1) 二氧化锆传感器。

2) 废气中含有2%的氧气,说明此时空燃比为14.7:1,输出电压为0.55 V。浓的混合气即含氧量少,传感器输出电压大于0.45 V,稀的混合气即含氧量多,传感器输出电压小于0.45 V。

3) A, 0.45 V基准信号线;B,传感器输入信号线;C,12 V搭铁线;D,12 V线。

4) A插口通过线束与PCMC1#29插口连接;B插口通过线束与PCMC2#10插口连接;C

插口通过线束与发动机接地;D插口通过线束与氧传感器12 V保险丝连接。

工 作 页 15

1. 指认图 10-26 别克发动机电子喷射汽油燃料供给系各零件
(1) 燃油泵;(2) 燃油滤清器;(3) 燃油压力调节器。
2. 各工况各传感器的读数
根据实际数据填写。
3. 别克发动机的燃油泵的认知与拆装
(1) A 接口,燃油液位传感器输入信号接口;B 接口,燃油泵马达供给电源;C 接口,接地线;D,传感器回路。
(2) A 接口通过线束与燃油液位传感器输入插口连接;B 接口通过线束与燃油泵继电器的 30 号接口插口连接;C 接口通过线束与接地插口连接;D 接口通过线束与燃油箱压力传感器 A 插口连接。
4. 燃油压力调节器的认知与拆装。
(1) 真空控制燃油压力调节器,根据发动机不同的工况,将多余的燃油送回燃油箱。

工 作 页 16

2. 喷油器的结构认知
(1) 将来自喷油泵的高压柴油雾化成细小颗粒,喷入燃烧室中。由喷油嘴、壳体、调压件 3 部分组成。
(2) 1) 针阀;2) 针阀套筒;3) 承压锥面;4) 密封锥面;5) 定位套筒。
(3) 1) 调压螺钉;2) 调压弹簧;3) 推杆;4) 进油管;5) 外壳。

工 作 页 17

2. 输油泵的结构认知
(1) 向喷油泵输送一定的压力和数量的燃油,输油量远高于全负荷时的最大供油量。由机械泵总成及手油泵总成组成。
(2) 1) 大螺母;2) 活塞回位弹簧;3) 出油阀;4) 出油阀螺母;5) 滚轮定位卡簧;6) 滚轮;7) 推杆;8) 活塞;9) 壳体;10) 进油阀螺母;11) 进油阀。

工 作 页 18

2. 喷油泵和调速器的认知

1) 根据发动机不同工况,将一定量的燃油提高到一定的压力,按做功顺序将高压燃油定时提供给喷油器喷入气缸。分泵、油量调节装置、驱动装置和壳体。

2) ① 柱塞套筒;② 柱塞弹簧;③ 柱塞;④ 柱塞弹簧座。

3) ① 出油阀螺母;② 出油阀;③ 出油阀座;④ 出油阀弹簧。

4) ① 柱塞调节臂;② 拨叉。

5) ① 凸轮轴;② 滚轮架;③ 垫块;④ 衬套;⑤ 滚轮;⑥ 滚轮轴。

6) ① 油门拉杆;② 高速调整螺钉;③ 低速调整螺钉;④ 怠速调整螺钉;⑤ 调速器弹簧;⑥ 推力盘;⑦ 钢球。

工 作 页 19

1. (1) 燃油预供泵;(2) 燃油泵;(3) 燃油滤清器;(4) 齿轮泵;(5) 燃油配比阀;(6) 高压泵;(7) 燃油轨;(8) 喷油器。

2. (1)

针	功能
A	信号线
B	接地线
C	屏蔽线

(2)

针	功能
A	信号线
B	接地线
C	12 V 线

(3)

针	功能
A	信号线
B	5 V 基准线
C	信号线
D	接地线

(4)

针	功能
A	5 V 基准线
B	信号线
C	接地线
D	12 V 线

(5)

针	功能
A	信号线
B	接地线

(6)

针	功能
A	5 V 基准线
B	接地线
C	5 V 基准线
D	信号线
E	接地线
F	信号线

(7)

针	功能
A	12 V 线
B	12 V 线
C	接地线
D	接地线

(8)

针	功能
A	12 V 线
B	接地线

(9)

针	功能
A	12 V 线
B	接地线

(10)

针	功能
A	12 V 线
B	接地线

工 作 页 20

1. 指认无触点点火装置各零件

(1) 指认图 12-33 无触点点火装置下列各零件。

1) 电源;2) 点火开关;3) 点火线圈;4) 点火模块;5) 分电盘;6) 火花塞。

(2) 认知图 12-34 无触点式分电盘。

1) 霍尔信号发生器;2) 配电器;3) 霍尔元件;4) 永久磁铁;5) 霍尔叶轮。

(3) 指认图 12-35 点火模块各脚的含义。

1) 进入点火线圈初级电路;2) 点火模块接地线;3) 信号发生器接地线;4) 点火模块电源线;5) 信号发生器电源线;6) 信号发生器信号线。

工 作 页 21

1. 指认无分电盘点火装置各零件

(1) 指认图 12-45 无触点点火装置下列各零件。

1) 点火模块;2) 高压线;3) 火花塞。

(2) 认知图 12-46 点火模块各脚,并填写下表(别克发动机点火模块)。

1) C1 接口

针	导线颜色	功能
A	褐色/黑	分流信号
B	白色	点火控制信号
C	—	未使用

(续表)

针	导线颜色	功能
D	—	未使用
E	紫色/白色	参考信号
F	红色/黑色	参考低信号

2) C2接口

针	导线颜色	功能
A	黑色/白色	接地
B	粉红色	保险丝输出—点火1

3) C3接口

针	导线颜色	功能
A	黄色	曲轴箱位置传感器信号
B	—	未使用
C	紫色	曲轴位置传感器回路

工作页22

1. 炭罐的认知与拆装

(1) 燃油箱内的燃油蒸发时,内部高气压将HC从燃油箱内压出,储存在炭罐内。在发动机工作时,储存的HC气体在进气管真空的作用下吸入进气管,进入气缸燃烧,减少燃油箱蒸发对大气的污染。

(2) 油箱与进气管。

(4) A,10 A保险丝线;B,炭罐控制线。

(5) A,插口通过线束与A5C1插口连接;B,插口通过线束与PCMC1#76插口连接。

2. 三元催化器的结构认知与拆装

(1) 通过氧化反应与还原反应来有效地处理废气中的一氧化碳、碳氢化合物和氮氧化物。

(2) 排气歧管和排气管。

(3) 300℃。

3. EGR阀的结构认知与拆装

(1) 让一定数量的废气进入发动机的进气管,废气和混合气混合,使燃烧速度减慢。燃烧速度减慢可以降低燃烧的最高温度,减少 NO_x 的产生。

(2)进气歧管与排气歧管之间。

(3)A,EGR 阀动力接地线;B,EGR 阀传感器接地线;C,EGR 阀位置输入信号线;D,5 V 基准信号线;E,EGR 阀控制线。

(4)A 插口通过线束与 PCMC1♯32 插口连接;B 插口通过线束与 PCMC1♯31 插口连接;C 插口通过线束与 PCMC2♯28 插口连接;D 插口通过线束与 PCMC2♯30 插口连接;E 插口通过线束与 PCMC2♯4 插口连接。

图书在版编目(CIP)数据

汽车结构与拆装(上册)/蒋勇主编.—2版.—上海:复旦大学出版社,2013.7(2018.1重印)
(复旦卓越·21世纪汽车类职业教育教材)
ISBN 978-7-309-09772-6

Ⅰ.汽… Ⅱ.蒋… Ⅲ.①汽车-结构-高等职业教育-教材②汽车-装配-高等职业教育-教材
Ⅳ.①U463②U472

中国版本图书馆 CIP 数据核字(2013)第 123189 号

汽车结构与拆装(上册)(第2版)
蒋　勇　主编
责任编辑/张志军

复旦大学出版社有限公司出版发行
上海市国权路 579 号　邮编:200433
网址:fupnet@fudanpress.com　http://www.fudanpress.com
门市零售:86-21-65642857　团体订购:86-21-65118853
外埠邮购:86-21-65109143　出版部电话:86-21-65642845
大丰市科星印刷有限责任公司

开本 787×1092　1/16　印张 16　字数 378 千
2018 年 1 月第 2 版第 3 次印刷

ISBN 978-7-309-09772-6/U·15
定价:32.00 元

如有印装质量问题,请向复旦大学出版社有限公司出版部调换。
版权所有　侵权必究